RELIGIÃO E FÉ
NA ÁFRICA

Dados Internacionais de Catalogação na Publicação (CIP)
(Câmara Brasileira do Livro, SP, Brasil)

Orobator, Agbonkhianmeghe E.
  Religião e fé na África : confissões de um animista / Agbonkhianmeghe E. Orobator ; tradução de José Maria Gomes de Souza Neto. – Petrópolis, RJ : Vozes, 2023.

Título original: Religion and faith in Africa
ISBN 978-65-5713-868-7

1. Cristianismo – África 2. Cristianismo e outras religiões 3. Religiões – Relações I. Título.

23-142577   CDD-276

Índices para catálogo sistemático:
1. África : Religião : Cristianismo 276

Cibele Maria Dias – Bibliotecária – CRB-8/9427

AGBONKHIANMEGHE E. OROBATOR, SJ

RELIGIÃO E FÉ NA ÁFRICA

CONFISSÕES DE UM ANIMISTA

Tradução de José Maria Gomes de Souza Neto

Petrópolis

© 2018 by Agbonkhianmeghe E. Orobator, SJ.
Publicado por Orbis Books, Maryknoll, New York 10545-0302 – USA

Tradução realizada a partir do original em inglês intitulado
Religion and Faith in Africa: Confessions of an Animist

Direitos de publicação em língua portuguesa – Brasil:
2023, Editora Vozes Ltda.
Rua Frei Luís, 100
25689-900 Petrópolis, RJ
www.vozes.com.br
Brasil

Todos os direitos reservados. Nenhuma parte desta obra poderá ser
reproduzida ou transmitida por qualquer forma e/ou quaisquer meios
(eletrônico ou mecânico, incluindo fotocópia e gravação)
ou arquivada em qualquer sistema ou banco de dados
sem permissão escrita da editora.

CONSELHO EDITORIAL

Diretor
Volney J. Berkenbrock

Editores
Aline dos Santos Carneiro
Edrian Josué Pasini
Marilac Loraine Oleniki
Welder Lancieri Marchini

Conselheiros
Elói Dionísio Piva
Francisco Morás
Gilberto Gonçalves Garcia
Ludovico Garmus
Teobaldo Heidemann

Secretário executivo
Leonardo A.R.T. dos Santos

Editoração: Thaís Costa
Diagramação: Raquel Nascimento
Revisão gráfica: Jaqueline Moreira
Capa: Érico Lebedenco
Ilustração de capa: Jacek_Sopotnicki @istock

ISBN 978-65-5713-868-7-0 (Brasil)
ISBN 978-1-62698-276-5 (Estados Unidos)

Este livro foi composto e impresso pela Editora Vozes Ltda.

Para Baba e Mama

Sumário

Lista de abreviaturas, 10

Apresentação da série Duffy Lectures sobre a Cristandade Global, 11

Agradecimentos, 15

Introdução, 17

1 A fé de meu pai, o espírito de minha mãe, 23

    1.1 África, minha África, 26

    1.2 O quarto da cura, 31

    1.3 Dentro da mente de um animista, 36

    1.4 O animismo corporificado, 40

    1.5 Algumas diretrizes para o caminho, 44

2 O milagre do século, 49

    2.1 Então, era uma vez..., 54

    2.2 O apóstolo e a rainha, 55

    2.3 Os missionários estão chegando, 60

    2.4 Que comece a disputa, 62

    2.5 Lendo nas entrelinhas, 65

    2.6 Cuidado com presentes, 67

    2.7 O modo do receptor, 68

    2.8 Os números não mentem?, 71

3 Um mercado de fés, 78

    3.1 Que há em um nome?, 81

3.2 E o Islã?, 84

3.3 Semeadores e ceifeiros do ódio, 89

3.4 Religião e política, 94

3.5 Sob a superfície, 97

3.6 O lado sombrio da luz, 101

3.7 O espírito da Religião Africana, 104

4 *Performance* patológica e prática profética, 108

4.1 O espírito e a escuridão, 114

4.2 Uma religião do subdesenvolvimento, 117

4.3 A religião funciona, 119

4.4 *Performance* patológica, 121

4.5 Prática profética, 130

5 Curando a Terra, curando a humanidade, 138

5.1 As lágrimas de uma mulher, 140

5.2 O inimigo somos nós, 142

5.3 Animismo criativo, 144

5.4 Gratidão ecológica, 146

5.5 Ecologia como completude da vida, 153

5.6 Ecologia como aliança, 158

6 A espinha dorsal da Igreja, ou a retórica de gênero, 166

6.1 Números, palavras e mais além, 169

6.2 Evolução e revolução, 173

6.3 Um inventário da desigualdade, 181

6.4 O potencial inexplorado da liderança, 185

6.5 Mulheres africanas transformando a face da teologia, 187

6.6 A espinha dorsal da Igreja, 190

7 O desabrochar das religiões, 194

    7.1 Coisas estão acontecendo em todo canto na África, 198

    7.2 Cristãos estão conversando, cantando, pregando, escrevendo, discutindo e debatendo, 202

    7.3 A raiz de todo mal?, 206

    7.4 Religião do povo, pelo povo e para o povo, 208

Conclusão – Seria tudo isso um espetáculo vazio?, 212

Leituras sugeridas, 221

Tradições religiosas e espirituais africanas na pesquisa contemporânea, 221

Cristandade africana e missão na História, 221

Africanas no discurso teológico, 222

Teologia, ética e Igreja africanas, 222

Lista de abreviaturas

AM – PAPA BENTO XVI. *Exortação Apostólica pós-sinodal Africae Munus.*

AT – PAPA PAULO VI. *Africae Terrarum.* Mensagem aos países da África.

CV – PAPA BENTO XVI. *Carta Encíclica Caritas Veritate.*

EG – PAPA FRANCISCO. *Exortação Apostólica Evangelii Gaudium.*

EM – PAPA PAULO VI. *Exortação apostólica Evangelii Nuntiandi.*

LS – PAPA FRANCISCO. *Carta encíclica Laudato Si': sobre o cuidado da casa comum.*

Apresentação da série
Duffy Lectures sobre a Cristandade Global

Catherine Cornille

Jamais na história da Cristandade, a fé cristã foi expressa de maneiras tão diversas. Conquanto seja, há muito, uma religião global, foi apenas no século XX que a Igreja veio dar valor e celebrar a particularidade das diferentes culturas, e que as igrejas locais foram criativamente encorajadas a se envolver e a se apropriar de símbolos, categorias e modos de celebração indígenas. Um marco para a Igreja Católica foi a exortação apostólica *Evangelii Nuntiandi*, de 1975, que proclama:

> As igrejas particulares profundamente amalgamadas não apenas com as pessoas, como também com as aspirações, as riquezas e as limitações, as maneiras de orar, de amar, de encarar a vida e o mundo, que caracterizam este ou aquele aglomerado humano, têm o papel de assimilar o essencial da mensagem evangélica, de a transpor, sem a mínima traição à sua verdade essencial, para a linguagem que esses homens compreendam e, em seguida, de a anunciar nessa mesma linguagem (EN 63).

Neste trecho, o termo linguagem é compreendido mais amplamente em seu sentido antropológico e cultural, referindo-se não apenas à tradução da mensagem evangélica, mas também às "expressões litúrgicas [...] à catequese, à formulação teológica, às estruturas eclesiais secundárias e aos ministérios" (EN 63). Significa, pois, um repensar completo dos Evangelhos em termos e estruturas reverberantes às culturas específicas, com foco nas questões sociais, políticas e espirituais, bem como nos desafios nelas vivenciados.

Desde então, as noções de aculturação e contextualização arraigaram-se firmemente no pensamento teológico cristão: é possível falar-se de uma teologia latino-americana, ou africana, ou indiana, e assim por diante, cada uma das quais cedendo espaço para outras teologias ainda mais locais e específicas – tais como a Igbo, a Mestizo ou a Dalit. Tal fato traz à tona questões sobre a relação entre todas essas formas de teologizar, bem como sobre o relacionamento entre as igrejas particulares e a universal.

A priori, o objetivo da aculturação e das teologias indígenas é, de fato, melhor servir às igrejas locais e responder às suas questões e necessidades específicas. Todavia, muitas riquezas descobertas no processo podem, também, tornar-se fonte de inspiração para outras igrejas – ou mesmo para a chamada Igreja universal. Apesar disso, a *Evangelii nuntiandi* adverte claramente: "Guardemo-nos bem, no entanto, de conceber a Igreja universal como sendo o somatório, ou, se se preferir dizê-lo, a federação mais ou menos anômala de igrejas particulares essencialmente diversas" (EN 62); o documento suplica às igrejas particulares que permaneçam em comunhão com a Igreja universal, mas ainda não aprecia de todo a oportunidade que lhe foi conferida de aprender com as igrejas locais. Continua a prevalecer uma suposição – tácita, no mais das vezes – de que os modelos e correntes teológicas desenvolvidos na Europa permanecem normativos, e que as teologias locais nada mais seriam que formas variadas de expressão da mesma compreensão teológica. Contudo, toda teologia, inclusive a ocidental, implica dimensões tanto universais quanto culturalmente particulares, e cada tentativa de expressar os Evangelhos no seio de uma cultura específica é capaz de despertar novas dimensões da sua mensagem, relevantes para todos os fiéis. À medida que o centro gravitacional da Igreja se desloca, e que a distinção entre local e universal (ou global) se torna mais e mais imprecisa, torna-se mais importante e possível do que nunca que tradições teológicas diversas se conectem e enriqueçam mutuamente.

Eis o motivo pelo qual o Departamento de Teologia do Boston College estabeleceu a Cátedra Duffy sobre a Cristandade Global, é que, a cada ano, um teólogo de outro continente é convidado a proferir uma série de palestras versando sobre os desafios teológicos e das percepções oriundas do seu contexto particular. Ambos, desafios e contextos, podem tratar de questões éticas, avanços teológicos, hermenêutica bíblica, práticas rituais e espirituais, dentre outros. O objetivo não é meramente informar ao corpo docente e os alunos a respeito das maneiras como se pratica a teologia em partes específicas do mundo, mas, sobretudo, levantar novas questões e oferecer novos insights capazes de enriquecer a reflexão teológica local, na América do Norte e mais além. O departamento tem o prazer de gozar uma parceria estabelecida com a Orbis Books no sentido de tornar o fruto desta reflexão teológica mais amplamente acessível.

A Cátedra Duffy, sobre a Cristandade Global, foi nomeada em honra ao Padre Stephen J. Duffy (1931-2007), professor de Teologia Sistemática na Loyola University, Nova Orleans, entre 1971 e 2007, profundamente engajado no debate sobre diversidade religiosa e cultural, e inclinado a abordar tais questões de forma criativa e construtiva. O que escreveu sobre a relação da Cristandade com outras religiões é tanto mais aplicável à sua própria relação com as diferentes culturas:

> À medida que a Cristandade se abre para outras tradições, ela se transformará. Não que venha a ser menos cristã ou mesmo deixar de sê-lo por completo. Terá dado, simplesmente, mais um passo na direção da catolicidade, a completude que afirma antecipar no reino do Senhor ainda por vir.

Agradecimentos

Quando a presidente do Departamento de Teologia do Boston College, a Professora Catherine Cornille, convidou-me a proferir as Duffy Lectures durante o ano acadêmico de 2015/2016, tentei declinar do convite por causa de compromissos previamente acordados e de restrições de agenda, mas sua gentil persistência e graciosa adequação à minha situação garantiram uma bem-sucedida série de palestras. A minha mais sincera gratidão a ela e aos seus colegas do Boston College, em especial James Keenan, SJ, M. Shawn Copeland, Lisa Sowle Cahill, David Hollenbach, SJ,agora na Georgetown University, e Kristin Heyer. No decorrer das palestras, a audiência foi receptiva e também crítica, construtiva em sua recepção da minha fala, retorno esse que utilizo para desenvolvê-la ainda mais. Logo, merece igualmente a minha gratidão e o meu reconhecimento.

James Keane, ex-editor de aquisições da Orbis Books, e o editor-chefe da Orbis Books, Robert Ellsberg, garantiram que eu não renegasse o meu próprio compromisso de retrabalhar as palestras antes da publicação. Mas foi a minha boa amiga Susan Perry que heroicamente se retirou da aposentadoria para guiar este livro em meio ao processo editorial e de produção. E, conquanto tome total responsabilidade por este conteúdo – de fio a pavio – foram a diligência editorial e a habilidade dela que produziram sua forma final e apropriada. Muito obrigado, Sue!

Meus companheiros jesuítas e os muitos colaboradores na África, em Madagascar, e mais além, permanecem sendo uma fonte constante de apoio e encorajamento, pelos quais sou profundamente agradecido. Como sempre, este rol de agradecimentos estaria incompleto sem a especial menção ao meu irmão Chuks Afiawaru, SJ; meu colega, *Kijana wa Zamani*, Joe Healey, MM; e acima de todos, a minha amiga querida e alma-gêmea, *Oghomwen n' Oghomwen*, Dra. Anne Arabome, SS. *Asanteni sana*!

Introdução

> *O africano que se torna cristão não renega a si mesmo.*
> Paulo VI

"A África", nas palavras de Ben Okri, um escritor veterano, "transpira histórias", e de onde eu venho contamos histórias e dizemos provérbios – a oralidade tem precedência sobre a literacia. Chinua Achebe, escritor nigeriano internacionalmente renomado, deu voz à sua cultura quando escreveu que palavras são como inhames, e os provérbios como o óleo de dendê com que são comidos. Narrativas na forma de histórias, mitos e lendas, generosamente salpimentados com provérbios, formaram a base da minha primeira infância. Um provérbio africano é semelhante a uma parábola bíblica, pois, modestamente, visa ensinar uma lição, só que com poucas palavras. Difere da parábola bíblica, contudo, não carece de explicação: é autoexplicativa, revela e transmite seu significado por meio da pura força da evocação simbólica.

O conteúdo deste livro foi originalmente apresentado como palestras nas Duffy Lectures, do Departamento de Teologia do Boston College, em Massachusetts, Estados Unidos. Em sua totalidade, representa muitos anos de experiência e reflexão sobre minha multifacetada experiência religiosa, como um converso ao catolicismo vindo da Religião Africana. Em diversas instâncias e numerosas plataformas, desenvolvi e expressei aspectos deste livro perante audiências variadas, e para esta publicação reuni os meus pensamentos e tentei apresentá-los como uma narrativa consistente destinada a atingir dois objetivos específicos: primeiro, criticar a *performance* religiosa africana em sua corrente pública e formas institucionais; segundo, reaver a Religião Africana como repositório de sabedoria e conhecimento prático para a renovação espiritual para todas as pessoas, por meio de sua busca infinita por sentido, propósito e completude.

Em larga medida mantive um estilo narrativo oral. Em certo sentido, talvez este livro não se qualifique como um texto teológico típico, mas qualquer carência perceptível de credenciais teológicas representa a menor das minhas preocupações. Desejo que esta obra seja uma leitura agradável, facilmente digerível, mesmo quando seu conteúdo não o for. As palavras "estudo", "análise", "investigação", "exploração" e "reflexão" podem até aparecer em várias páginas deste livro, mas, a rigor, nenhuma delas – com a possível exceção de "exploração" e "reflexão" – o define. Eu tento contar uma história, ou por outra, narrar como tal minha experiência religiosa. Em alguns momentos, retorno ao meu modo padrão, teologizante, tal é a extensão do meu afastamento, ao longo dos anos, do *milieu* descontraído e descomplicado de contar histórias ao entrar nos domínios da teologia acadêmica e analítica. Felizmente, acredito que essa situação não é irreversível – de fato, meu intuito é empreender um comentário corrido sobre fé, religião e Igreja na África contemporânea.

Dentre meus muitos interlocutores, conto teólogos, historiadores e cientistas sociais, mas também examino textos como declarações oficiais e estudos empíricos relacionados à fé, à religião e à Igreja na África e no mundo. Indiscutivelmente, a maior fonte de inspiração para este livro é a experiência – o resultado de todas as minhas experiências religiosas.

Muito antes de sequer ser capaz lhe dar um nome preciso, a prática religiosa sempre me foi, em mesma medida, motivo de fascínio e confusão. Ritos, rituais e devoção cativavam minha imaginação, enquanto códigos, credos e doutrinas me confundiam – enquanto aqueles pareciam naturais, estes aparentavam ser projetados e, além de tudo, possuíam guardiães cuja especialidade era aferir e manter a pureza das assertivas do credo e das doutrinas, para que não fossem maculadas por tendências irreverentes e heréticas. E quanto mais eu lutava contra essa tendência rigorista em minha fé cristã católica, mais forte crescia meu fascínio pela minha imaginação religiosa africana. Com o passar do tempo, descobri pérolas valiosas nessa minha imaginação, ocultadas sob os imensos e históricos edifícios da Cristandade e do Islã.

Como observarei em repetidas oportunidades no decorrer deste livro, ainda que a Cristandade e o Islã tenham declarado vitória sobre a Religião Africana – tendo por base sua superioridade numérica – tais declarações entusiásticas podem ser prematuras. A Religião Africana, a cujo entendimento a maioria dos missionários cristãos dedicou pouco tempo, está ativa de muitas maneiras e tem muito a nos ensinar em termos de fé, religião e Igreja.

Dois termos-chave no subtítulo deste livro – "confissões" e "animismo" – requerem explicação, e devo observar que, para mim, o subtítulo é bem mais significativo que o título relativamente genérico. Sim, estou abordando religião e fé na África contemporânea, mas a partir de uma perspectiva muito particular, donde "*Confissões de um animista*". Não me refiro às "confissões" num sentido agostiniano, de uma autobiografia parcial; este livro contém, de fato, alguns detalhes autobiográficos, mas tentei reduzi-los ao máximo ou apresentá-los em termos gerais. Tampouco se trata de "confissões" como um

19

relato das falhas morais, de um crime, ou mesmo de façanhas ou feitos heroicos pessoais – na proporção em que existam, reservo-os para o confessionário.

"Confissões" é o termo que prefiro para tratar de uma visão pessoal, uma convicção oriunda de experiência, reflexão e compreensão, de modo que as visões e convicções confessadas são pessoais. Em poucas palavras, elas são o modo como percebo as coisas relacionadas a fé, religião e Igreja na África de hoje, um ponto de vista pessoal reforçado por um estilo narrativo. Todavia, algo semelhante às confissões de Santo Agostinho, feitas para serem lidas em voz alta, as *Confissões de um animista* foram originalmente pronunciadas como uma série de palestras públicas; aqueles que as ouviram responderam-nas com questões e comentários críticos, respostas essas que levei em consideração e contribuíram imensamente, ajudando a expandir meu pensamento, a clarear minhas percepções e a refinar minhas convicções. Ainda assim, é fundamental ter em mente que no cerne dessas "confissões" estão realidades vividas, as quais tentei verter em palavras e modelá-las como uma história.

Quanto ao segundo termo, "animista", admito que ele evoca imagens sombrias, negativas, de crenças e práticas religiosas. Como tento demonstrar neste livro, trata-se de um rótulo cunhado pelos prosélitos de uma forma supostamente mais "elevada" de religiosidade para aviltar as visões de mundo e práticas religiosas dos assim chamados primitivos. Nesta ordem de coisas, os primeiros criaram, adornaram e controlaram a narrativa pela qual os últimos seriam avaliados, julgados e condenados. Como diz um provérbio africano, "até que o leão aprenda a falar e a escrever, a história da caçada sempre glorificará o caçador". Quando missionários, colonialistas e antropólogos pespegaram a etiqueta "animista" às práticas religiosas de outrem, no caso em tela os adeptos da Religião Africana, eles eram os caçadores de quem falava o provérbio. Tomar para si o termo "animista" é, em parte, um ato de protesto contra a injúria infligida à presa, bem como um ato de solidariedade e de reconhecimento para com a valiosa sabedoria e a compreensão de uma tradição religiosa grosseiramente mal interpretada e mal representada.

O termo "animista" desempenha um papel mais positivo neste livro. Uma parte central de meu argumento afirma que quando aplicado às tradições religiosas da África, este rótulo é uma distorção da realidade vivida, pois se baseia mais em estereótipos do que na descrição objetiva do modo de vida da gente africana. Aquilo que eu chamo de animismo difere do que a Cristandade colonial e missionária pretendia ao lançar mão do termo. Da maneira que vejo, ainda que pesadamente conspurcado pelo preconceito colonial e pelo racismo, o animismo reúne em si um profundo arraigamento no Espírito que vivifica todas as coisas. Primordialmente, é uma experiência de e uma capacidade para conectar-se com âmago de toda realidade. Para mim, significa afirmar e reverenciar aquilo que o Papa Francisco chamou de "carinho divino" que vivifica o humano e o universo material. Ao reclamar e honrar as minhas experiências, herança e ancestralidade da Religião Africana, desejo repudiar qualquer tentativa de aviltar seu vasto repositório de sentidos; igualmente importante, espero produzir novas percepções que forneçam uma percepção expandida da experiência religiosa, tanto pessoal quanto comunalmente.

Uma visão geral deste livro pode ser útil para o leitor. No capítulo 1, apresento uma narrativa da Religião Africana em seus próprios termos, e aponto seu potencial para contribuir com valores positivos para o reflorescer humano na África. No capítulo 2, reconheço o histórico e estupendo crescimento tanto da Cristandade quanto do Islã na África, mas tomo cuidado para não cair na tentação de abordar tal crescimento somente pela força dos números – e às custas da continuada relevância da Religião Africana. O capítulo 3 é um relato ponderado das afirmações, das contestações e dos conflitos que afligem as religiões na África, enquanto o capítulo 4 apresenta e analisa formas pelas quais a religião é usada e abusada. O capítulo 5 foca nas questões prementes da ecologia e da mudança climática, explorando como a Religião Africana pode gerar um ímpeto essencial para que cuidemos de nossa casa comum. O capítulo 6 expande o argumento do 4, porém com particular ênfase na retórica de gênero da Igreja Católica e o insubstituível, e amiúde negligenciado, o papel das mulheres na Igreja e na sociedade, na África no resto do mundo. O capítulo final é uma tentativa de espiar o futuro e antecipar as possibilidades e direções da religião na África. Minha tese principal é que na África a religião funciona para o bem e para o mal, e que entender esse funcionamento é essencial para tirar proveito e beneficiar-se do seu potencial, algo que requer uma percepção renovada e crítica sobre a relação simbiótica que existe entre as três principais tradições, a saber: a Religião Africana, a Cristandade e o Islã.

As minhas "confissões" constituem, de fato, uma coleção de percepções advindas da realidade vivida da Religião Africana, e defendo que ela não é mais animista que certas práticas devocionais e sacramentais da Cristandade, que pode muito bem ser supersticiosa ou até mesmo idólatra. As minhas "confissões" não contêm toda a verdade, mas sim uma verdade percebida a partir de uma perspectiva pessoal – animada pela espiritualidade da Religião Africana. O absolutismo não cabe no tipo de sensibilidade e imaginação religiosas que proponho, sejam exploradas e expostas aqui. Se alguém está de pé, outro mais virá juntar-se a ele – ou como diz um provérbio africano, "sozinho, ninguém pode abraçar o baobá".

1
A fé de meu pai, o espírito de minha mãe

O rio nunca corre ao contrário.

Não importa quantas vezes um leopardo cruze um rio, ele nunca perderá as suas pintas.
Provérbios africanos

Houve um tempo em que eu não era cristão. A jornada da minha fé se divide em três fases distintas, mas que se sobrepõem: nasci na Religião Africana, e posteriormente me converti ao cristianismo, que me ensinou a ter um profundo desprezo por tudo que fosse fetichista e animista, pois era essa a maneira como se catequizavam os bons cristãos para entenderem a Religião Africana. A transição para o cristianismo seria um corte abrupto – ou assim se esperava, pelo menos – a julgar pela veemência pela qual o catecismo rejeitava quaisquer práticas religiosas tradicionais, bem como todos aqueles africanos que, em sua cegueira, continuavam a seguir aquele modo de vida.

Felizmente, para mim, o rompimento radical com um passado diabólico e fadado à danação, jamais se materializou de fato. Com o tempo aprendi a adotar uma distância crítica, mas igualmente respeitosa e apreciativa, vis a vis estas duas fases da minha experiência religiosa. Este ponto de crítica, respeito e apreciação constitui uma terceira, e distinta, fase, levada por uma busca apaixonada para integrar, convergir e harmonizar afirmações e contestações aparentemente díspares e conflituosas entre tradições religiosas que dominam a paisagem africana. A trajetória encravada nessas três fases da experiência religiosa explica, em parte, a origem e a natureza deste livro.

Embora comece com um relato do passado, este livro não fala sobre ele. É uma narrativa do desdobrar de uma jornada pessoal que descreve experiências presentes, e traça direcionamentos futuros do funcionamento das tradições religiosas em um continente com uma irreprimível pulsão de vida e obstinadamente sitiado pela morte. Em seus escritos, o teólogo ugandense Emmanuel Katongole, retrata estas duas faces da história sociorreligiosa africana com a imagética das igrejas e dos caixões[1].

Onde quer que se busque na África Subsaariana, encontram-se igrejas. Algumas delas são móveis e te seguem para onde quer que vá. Lembro-me das muitas vezes em que embarquei no transporte público em diferentes cidades africanas na expectativa de um trajeto tranquilo e despreocupado quando, sem qualquer advertência, um passageiro, usualmente um homem, se levanta do assento e começa a pregar. O rito conclusivo desse evangelismo ambulante é ainda mais intrigante quando o pregador, invariavelmente, recolhe donativos. Os passageiros contribuem com generosidade e gratidão, ninguém reclama.

Em Nairóbi, onde eu vivo, existe uma favela chamada Kibera, um pequeno pedaço de terra onde se estima viver um milhão de pessoas – há quem diga que esse número é ainda maior. Concordem ou não com as estatísticas, a realidade é que esse

---

1. KATONGOLE, E. *The sacrifice of Africa*: a political theology for Africa. Michigan: Eerdmanns, 2011, p. 29-32.

lugar está apinhado de seres humanos. Em Kibera falta água e luz. Banheiros são uma raridade, e foi lá que surgiu a prática infame dos "banheiros voadores": na ausência de sanitários, os moradores recorrem a sacos plásticos, e uma maneira comum de livrar-se deles é avoar a sacola com dejetos o mais longe possível da moradia do seu dono, daí o nome. Mas ainda que os banheiros sejam raros, em todo canto que se olhe há uma Igreja. Tampouco são parcas ou afastadas as mesquitas. O fato de Kibera ter tantos lugares de adoração e tão poucos banheiros tornou-se uma piada comum.

As igrejas não são exatamente enfadonhas no continente. Estrangeiros que visitam a África amiúde se espantam, e zombam na mesma medida, da vibração, do caos e da longa duração, característicos das animadas e demoradas celebrações religiosas – felizmente o espanto parece superar o deboche. Ir à Igreja e tomar parte nos serviços é negócio sério: alguns duram o dia inteiro, e ainda assim os fiéis voltam para casa querendo mais. Há ministros, pastores, evangelistas e pregadores para todo gosto. Uns lutam por ascensão pregando em espaços não maiores que um casebre de folhas de flandres, na esperança de que, um dia, vencerão – ou para usar uma apropriada terminologia religiosa, serão concedidos uma conquista divina. Aqueles que conseguem, os "big boys", contam seus seguidores aos milhões e ostentam filiais em vários países e continentes.

Tomemos o exemplo do pastor e televangelista nigeriano Temitope Balogun Joshua, supervisor geral da Sinagoga, Igreja de Todas as Nações (Scoan, sigla em inglês). O autodeclarado espetáculo miraculoso do profeta é transmitido ao vivo para o mundo todo desde o poeirento enclave de Lagos, capital comercial da Nigéria, por meio de sua rede particular de televisão, a Emmanuel TV. O termo "mega" é comumen-

25

te usado para descrever as crescentes redes de comunidades cristãs de T.B. Joshua e de outros líderes cristãos africanos. A Scoan atrai ônibus e aviões lotados de visitantes de vários países, realidade tragicamente demonstrada quando um hostel especificamente construído para acomodar visitantes estrangeiros desabou em 2014, matando 115 fiéis. A maior parte das vítimas procedia da África do Sul, e sua morte causou ultraje em seu país natal, resultando em uma crise diplomática – as restrições na emissão de vistos para sul-africanos que desejam visitar a Nigéria com fins religiosos ainda perduram. Embora a nacionalidade das vítimas tenha sido mantida como segredo de Estado, os mortos retornaram aos seus respectivos países em caixões. Passados poucos anos, a SCOAN, o império evangélico do profeta, permanece vivo e pulsante.

Este primeiro capítulo tem um foco tríplice. Primeiro, oferece uma narrativa pessoal das experiências que influenciaram e formaram a minha consciência, o meu entendimento e a minha prática da religião – a que me referi anteriormente como a primeira fase de minha experiência religiosa. Em seguida, esboça um retrato da religião e do seu funcionamento na África, levando em consideração a segunda fase, minha conversão ao cristianismo católico. Por último, tenta responder à pergunta sobre qual o bem que pode advir da experiência religiosa africana. O objetivo geral é demonstrar a conexão entre essas três vertentes – ainda que aparentemente díspares, considero-as todas inter-relacionadas e sobrepostas.

1.1 África, minha África

Meu primeiro passo é dissipar algumas noções pré-concebidas sobre a vida na África, e lidar com certa complexidade metodológica acerca do continente. A África tende a ser conhecida pelo viés de imagens estereotipadas e generalizações ligeiras, um lugar de malária, mosquitos, ebola, HIV/AIDS, calor tropical, pobreza, fome, guerras, refugiados, vida selvagem, safáris etc. Junte-se a isso os retratos icônicos dos *blockbusters* hollywoodianos – *Entre dois amores, Uma aventura na África, A Sombra e a Escuridão, Diamante de sangue, Hotel Ruanda, O Rei Leão, Os deuses devem estar loucos* e *O último rei da Escócia*, para citar somente alguns. Em verdade, poucos não africanos conhecem de fato o continente, e como bem diz Molefi Kete Asante, "em pleno século XX a África permanece o mais incompreendido de todos os continentes, estropiado em nossas imaginações por imagens enraizadas nas mentes de europeus imperialistas que tentaram moldar e inventar uma África útil às suas ambições políticas"[2].

Gosto de poesia. Os poemas têm a capacidade de narrar a complexidade do real em termos poderosos, vívidos, sutilmente evocativos. Conquanto a África seja o tema de inúmeros poemas, aquele que melhor captura sua complexidade histórica, ao menos para mim, é "África, minha África", do poeta senegalo--camaronês David Mandessi Diop (1927-1960).

> África, minha África
> África dos guerreiros orgulhosos nas savanas ancestrais
> África cantada pela minha avó
> Nas margens do rio distante
> Jamais te conheci
> Mas teu sangue corre em minhas veias
> Teu belo, negro sangue que irriga os campos
> O sangue do teu suor
> O suor do teu trabalho

---

2. MENGARA, D.M. *Images of Africa*: stereotypes and realities. Nova Jersey: Africa World, 2001.

O trabalho de tua escravidão
A escravidão de tuas crianças.
África, diz-me África
És tu este lombo que se curva
Este lombo que sucumbe
Sob o peso da humilhação
Este lombo trêmulo com vergões encarnados
Que diz sim à chibata sob o sol do meio-dia?
Então uma voz grave me responde
Filho impetuoso, aquela árvore, jovem, forte
Esplendidamente só, entre flores brancas, mur-
chas
Aquela é a tua África, mais uma vez florescendo
Florescendo pacientemente, obstinadamente
Em cujos frutos, bocado a bocado, ganhas
O sabor amargo da liberdade.

Diop pinta um retrato de uma realidade sofrida, mas esperançosa. De fato, dor e esperança abundam na África, embora uma e outra vez enterrados sob os destroços da história colonial e dos estereótipos preconceituosos.

Os estereótipos sobre a África têm uma longa história. Joseph Conrad a chamou de "o coração das trevas"; William Whitaker Shreeve a batizou de "a cova do homem branco"; Henry Morton Stanley a apelidou de "continente negro"; e a revista *The Economist* a rotulou de "continente sem esperança". O filósofo alemão Immanuel Kant (1724-1804) e seu herdeiro ideológico George W.F. Hegel enredaram-se, ambos, em argumentos enviesados para provar a "estupidez" antropológica dos africanos, a quem chamaram de "espécime digno de pena do homem natural em seu estado completamente selvagem e indomado"[3], e "es-

---

3. HEGEL, G.W.F. *The philosophy of history*. Nova York: Dover, 1956, p. 93. • KANT, I. *Observations on the Feeling of the beautiful and the sublime*. Cambridge: Cambridge University Press, 1764.

pírito a-histórico, subdesenvolvido, ainda envolto nas condições da mera natureza"[4]. Variações e variedades de tais percepções deletérias e racialmente preconceituosas, contudo, por mais que ainda existam, constituem idiossincráticos rótulos sociais deliberadamente fabricados para diminuir e desumanizar o povo e seu continente. E são tanto mais perversos quando aplicados às práticas religiosas deste povo.

Para obter um engajamento significativo com a África, é importante livrar-se da concepção errônea de que ela é uma entidade simples, e ter em mente que se trata de uma realidade complexa. Saber sobre a África exige, antes de tudo, um processo de desaprender estereótipos e preconceitos. A narrativa africana não é uma única e mesma história, não consiste em um elemento único; significa coisas diferentes para povos diferentes. A África é um milhão de realidades: 54 países, um bilhão de pessoas (e crescendo) e mais de 3.000 idiomas comprimidos em uma vasta entidade geopolítica! Seja qual for o cálculo, a África qualifica-se como complexa – quando não atordoante.

Do ponto de vista metodológico, nem a história do continente nem a sua identidade podem ser facilmente resumidas ou explicadas. O colunista sul-africano Sandile Memela sintetiza com argúcia esta complexidade metodológica:

> Não sei se existe algum único indivíduo detentor de autoridade e poder para nos contar o que constitui a africanidade. Mas mesmo que essa elusiva e essencial identidade africana exista, não pode ser algo estático. Ela é dinâmica, progressiva, sofre constantes mudanças e transformações. Essa africanidade não apenas conectou os preservacionistas culturais, que querem congelar a cultura em um modo pré-colonial imutável, mas

---

4. HEGEL, G.W.F. *The Philosophy of History*. Op. cit., p. 99.

também integra os progressistas que desejam forçar suas fronteiras até os limites da pós-modernidade, absorvendo influências globais e seus elementos. Isso, sim, é africanidade, não a quantidade de melanina em sua pele[5].

Apreciar a África nunca foi fácil. É uma zona de ardente contestação entre preservacionistas e progressistas, e quando se chega a compreender, retratar ou narrar a África, os africanos podem sempre protestar com um simples "esta não é a *minha* África!" Ainda assim, sem exceção ou hesitação, todos podem proclamar como fez o ex-presidente sul-africano Thabo Mbeki: "eu sou um africano. Devo meu ser aos montes e aos vales, às montanhas e às clareiras, aos rios, aos desertos, às árvores, às flores, aos mares e as sempre-mutantes estações que definem a face de nossa terra nativa"[6].

A África que aqui descrevo é o retrato de alguns fios retirados da tapeçaria multifacetada do continente; minha visão, como africano, do lugar e do papel da fé e da religião na África. Apesar da minha tendência em falar e escrever livremente sobre a África e os africanos, não possuo uma compreensão do continente como um todo, pois venho de um grupo étnico de um dado país, e hoje vivo em meio a diversos grupos étnicos em um país diferente. Ainda assim, como aconselha um provérbio africano, "para comer um elefante, vá de pouquinho em pouquinho", uma atitude proveitosa para qualquer metodologia.

---

5. http://www.news24.com/Archives/City-Press/The-new-Africaness-20150429

6. MBEKI, T. *Thabo Mbeki's speech*: I am an African. Disponível em: *https://www.dkut.ac.ke/downloads/Thabo%20Mbeki_Iam%20an%20African-%20Speech.pdf*. Acesso: 21 out. 2022.

1.2 O quarto da cura

Cresci com os meus pais praticantes fiéis de um modo de vida espiritual. Para eles, a vida significava mais do que o imediatamente visível e tangível, ou, dito de outra forma, cada realidade parecia imbuída de um propósito, um sentido, um significado; nada era supérfluo, inútil, desimportante. E a maioria das coisas era reutilizável, reciclável.

A parte mais importante da casa onde cresci era o quarto da cura, um recinto escuro, com cortinas de tiras feitas com folhas frescas de palmeira e coroado com figurinhas, estatuetas e altares dedicados a uma hoste de deuses e deusas. Além de servir como panteão doméstico, abrigava uma variedade de potes cerâmicos, grandes e fundos, perpetuamente borbulhando misturas de ervas aromáticas junto a uma coleção de cajados ancestrais, cada um deles cuidadosamente posicionado em determinado ângulo contra a parede, simbolizando um ancestral fundador da linhagem familiar. Estar próximo do quarto da cura, onde não se entrava sem ser convidado ou iniciado, ocasionava uma sensação especial de temor religioso. Criança, eu percebia o recinto como uma zona de concentrada energia espiritual, que servia como centro e foco devocional para nossa família estendida, e gerava, em igual medida, fascínio, medo e renovação espiritual. Frequentemente, meu pai desaparecia lá dentro, e quando saía o seu semblante reluzia com a confiança e a reverência de quem vislumbrara um aspecto do divino. O que quer que tivesse feito ali dentro, o havia transformado, e nós podíamos ver seu elã confiante e o entusiasmo pela vida reanimado.

Vez ou outra nos permitiam tirar água dos ancestrais potes cerâmicos do quarto da cura. Ninguém sabia sua idade, menos ainda a química dos seus conteúdos. A julgar pelo aroma pungente e pela coloração pálido-escura, imaginamos que os potes, e provavelmente o líquido que continham, datavam de algumas gerações. Os líquidos pareciam ter fermentado com o mesmo grau de concentração espiritual e energia que pervadia e radiava do cômodo, e sabíamos que a água daqueles potes era poderosa; acreditávamos em sua habilidade para fortificar o espírito, santificar o esforço e afastar ataques do mal instigados pelos inimigos contra nosso corpo e nosso lar. A prescrição para este ritual espiritual e fortalecimento corporal exigia uma, ou mais, vasilha cheia misturada à água do banho para as abluções. O efeito era instantâneo, ou pelo menos assim acreditávamos: a água perfumava o corpo como nenhuma outra fragrância, cheirávamos como os espíritos de nossos antepassados.

Minha mãe era devota da deusa do mar, *Olokun*, doadora da prosperidade e da fertilidade, e no santuário dedicado a ela mantinha uma variedade de figurinhas de barro clareadas adornando o altar. É uma prática comum entre os devotos colocar itens de valor no altar de Olokun – porcelana, marfins, pratos de latão, ornamentos de bronze.

Um aparte: de todos os golpes dos missionários contra esse cotidiano, aqueles que talvez tenham sido mais dolorosos ocorriam quando uma devota de Olokun era convertida ao cristianismo. Normalmente, o missionário recolhia todos os itens do altar para destruí-los e descartá-los, mas há quem diga que tais objetos de valor eram corriqueiramente embarcados para o além-mar, para adornar embaixadas e museus.

Voltando à deusa de minha mãe. Sempre que fosse se consultar com sua divindade, acompanhada geralmente por outras devotas, ela era possuída pelo espírito divino, renovada e reanimada. Para convidar a entidade a possuí-la, dançava com um pequeno pote de barro na cabeça, e enquanto seus passos aceleravam e intensificava seus giros, seu semblante se transformava e ela e a deusa tornavam-se uma só. Para uma criança que assistia desde a distância segura do canto do cômodo, havia poder, energia e vitalidade suficientes à vista para capturar a imaginação e modelar a consciência religiosa. Dar sentido a isso tudo não era uma preocupação imediata – ou importante; bastava estar presente e assistir, imóvel e extasiado.

Meu pai fazia uma outra coisa que atiçava minha imaginação: além do ritmo regular da celebração ritual, ele tinha tempo para suplicar a um outro deus. De manhã muito cedo, antes que qualquer um pudesse espantar o sono da noite e o sol deitasse seu brilho na superfície da natureza, ele se ajoelhava, e com os dois cotovelos plantados firmemente na cama, apresentava uma série de exortações para uma divindade invisível, Osanobua. Diferentemente dos outros deuses e deusas do quarto da cura e dos altares laterais, as preces a ele dirigidas eram bastante distintas, únicas: criador dos seres humanos e do universo, o poderoso Osanobua era o braço forte que possibilitava o impossível, mantenedor do universo, a rocha inquebrável, o dono de nossas cabeças.

A julgar pela litania de atributos reservada para Osanobua, ele não compartilhava sua divindade ou supremacia com mais ninguém. Não havia nenhuma representação material dele, ao contrário dos outros deuses e deusas do quarto da cura e dos altares laterais. Quem era ele? Sempre que tive o privilégio de testemunhar e participar do ritual de súplica matinal do meu pai, o final me chamava a atenção: o tom de sua voz era em muito amplificado, e ele concluía "em nome do unigênito, *Ijesu Kristi*, nosso libertador".

A relação entre Osanobua, Ijesu Kristi, Olokun, Ogun, Isango, Orumila e o panteão de divindades e deidades aos quais fui exposto desafiava minha compreensão, mas os adultos pareciam navegar nesse labirinto de transações religiosas sem qualquer esforço, alheios à neblina que envolvia a imaginação de uma criança que não detinha nem a capacidade nem os meios para processar, ou conferir sentido a esse espetáculo religioso.

O entendimento e a compreensão parcial só viriam mais tarde, quando li *O mundo se despedaça*, de Chinua Achebe, e embora duvide que a intenção principal do autor fosse esclarecer as perplexidades de um adolescente confuso, seu relato literário tocou em inúmeros temas religiosos, um dos quais a relação entre as categorias de divindades e deidades. Li seu texto antes da conversão ao catolicismo, e fez todo sentido para mim. Ainda me lembro de um cenário particularmente interessante, um diálogo teológico entre um missionário cristão e um fiel da Religião Africana, com aquele tentando converter este à sua visão religiosa:

> Todas as vezes que o Sr. Brown visitava essa aldeia, passava longas horas no obi de Akunna, conversando com ele sobre religião com a ajuda de um intérprete. Nenhum dos dois conseguia converter o outro, mas aprendiam sempre mais alguma coisa sobre suas respectivas crenças, tão diferentes entre si.
>
> – O senhor declara que há um Deus supremo que fez o céu e a terra – disse Akunna durante uma das visitas do Sr. Brown. – Nós também acreditamos n'Ele e O chamamos de Chukwu. Ele fez o mundo inteiro e todos os outros deuses.
>
> – Não existem outros deuses – retrucou o Sr. Brown. – Chukwu é o único Deus e todos os demais são falsos. Vocês entalham um pedaço de madeira, como aquele lá (e apontou para os caibros, dos quais pendia o ikenga entalhado de Akunna), e dizem que é um deus. Mesmo assim, continua não passando de um simples pedaço de madeira.

> – Certo – respondeu Akunna. – É mesmo um pedaço de madeira. Mas a árvore da qual foi cortado foi feita por Chukwu, da mesma maneira, aliás, que todos os deuses menores. Chukwu fez esses deuses para serem os mensageiros através dos quais todos nós podemos nos aproximar dele[7].

A astúcia teológica do Chefe Akunna reluz em meio à intrigante conversa, e mesmo quando seu incansável interlocutor lança contra sua posição argumentos *ad hominem*, o chefe mantém-se firme:

> Chukwu [...] nomeia deuses menores para ajudá-lo, porque Seu trabalho é grande demais para uma só pessoa. [...]
> Fazemos sacrifícios aos pequenos deuses, mas quando eles nos falham e não há mais ninguém que nos possa socorrer, nos dirigimos a Chukwu. Isso é que é o certo. Pois a forma de nos aproximarmos de um grande homem é por meio de seus servos. Mas se esses servos fracassam e não conseguem nos auxiliar, então nós nos dirigimos à última fonte de esperança. É apenas uma impressão, a de que damos grande importância aos pequenos deuses, uma impressão falsa. Simplesmente nós os incomodamos mais vezes, por temermos incomodar o Chefe deles todos. Nossos pais sabiam que Chukwu era o Senhor Supremo, por isso muitos davam aos filhos o nome de Chukwuka, que significa "Chukwu é Supremo"[8].

Como o Chefe Akunna, no curso normal da vida cotidiana, meu pai e minha mãe praticavam regularmente rituais para seu

---

7. ACHEBE, C. *O mundo se despedaça*. São Paulo: Companhia das Letras, 2009, p. 172.

8. Ibid., p. 173.

círculo divino, nos quais toda família estendida e às vezes até a vizinhança tomava parte. Eram feitas ofertas de comida, e uma libação era gentilmente servida para aplacar os espíritos ancestrais e a Mãe Terra, mas quando davam nomes aos filhos, contudo, era em honra de Osanobua, o Ser Supremo, autor da vida e criador do universo. Desta feita, entre meus muitos nomes, também respondo por *Osa-hon-erhumwum-mwen*, "Osanobua ouviu minha prece".

Em todos esses momentos, eu criança era um curioso espectador, mistificado, perplexo, encantado pela relação entre os seres humanos e os espíritos. Nenhum dos principais participantes era um teólogo sofisticado – a participação não exigia destreza religiosa, tampouco maestria na formulação de rubricas ou doutrinas. Bastava apresentar-se e o encontro de pronto ocorria, e embora eu não soubesse disso enquanto criança, com o passar do tempo vim a acreditar que sou progênie de um sacerdote e de uma sacerdotisa, percepção essa que é relevante no desdobrar de todas as três fases da minha peregrinação espiritual e da minha busca teológica.

1.3 Dentro da mente de um animista

O cenário que acabei de descrever pode parecer bizarro para alguns leitores, lembrando, na melhor das hipóteses, uma cena de *Harry Potter*, e na pior, um trecho do filme *As bruxas de Salém*. Ainda assim, essas experiências foram a minha exposição inicial ao sentido e à prática da religião, influenciaram e formaram minha percepção, imaginação e consciência religiosas. Curiosamente, meu pai e minha mãe teriam ficado absolutamente perplexos se lhes fosse perguntado "qual é a sua religião?" Eles não usavam esse termo para descrever sua experiência e prática; à sua vista, o que faziam era, pura e simplesmente, "nosso modo de vida", vida esta que se originava e se desenvolvia em uma *etnosfera* espiritual sustentada por um código e uma prática não-escritos que haviam sido passados por uma geração anterior, corporificados em mistério e espiritualidade, enraizados em transcendência e imanência, e expressos por meio de rito e devoção, mitos e narrativas, ética e normas.

Como observou corretamente o estudioso da religião Benjamin C. Ray, "a palavra *religião* chegou tardiamente ao discurso erudito sobre a África, e permanece notavelmente ausente na maior parte das descrições populares das culturas africanas"[9]. Quando missionários coloniais, estudiosos contemporâneos e comentadores discutem a "Religião Africana tradicional", igualam-na ao animismo – uma classificação típica secciona a África entre cristianismo, Islã e animismo.

O termo "animismo" jamais deixa de me intrigar. Acredito que seu estudo acurado produziria um discernimento sobre a espiritualidade muito mais rico, como eu a experimentei e como continua influenciando minha imaginação religiosa. Como tentarei demonstrar no capítulo 5, uma compreensão adequada das dinâmicas do animismo é útil à exploração das dimensões transformativas das ecologias humana e física em uma era como a nossa, marcada pelo aquecimento global e pela mudança climática.

Como um construto antropológico, o "animismo" cobre um vasto espectro de crenças, atitudes e práticas religiosas, cujo denominador comum é a investidura dos objetos naturais com poder, energia ou vitalidade – em poucas palavras, a "crença nos espíritos" corporificada na natureza. Para alguns estudiosos da religião, é entendido como pertencendo a um dos

---

9. RAY, B.C. *African religions*: symbol, ritual, and community. Nova Jersey: Pearson, 2000.

primeiros estágios na trajetória evolutiva da religião, o degrau mais básico da consciência religiosa. Conforme esta classificação, "animista" exemplifica o oposto exato de "superior", uma taxonomia colonial das religiões que enrijece o "animismo" em uma definição normativa de crenças e práticas religiosas primitivas, conferindo-lhe então um extenso rosário de sinônimos, que inclui "fetichismo, idolatria, superstição, paganismo, totemismo, magia..."[10].

Durante o advento do cristianismo missionário, em especial no século XIX, esta classificação aviltante das religiões tradicionais africanas teve duas consequências perniciosas. Primeiramente, significou que os africanos não possuíam de fato uma religião – no máximo, quaisquer que fossem as ações rituais performadas, tratava-se apenas de pálida aproximação da religião. Em segundo lugar, como desdobramento do primeiro ponto, justificou os primeiros missionários europeus e suas tentativas agressivas de erradicar superstição, magia, paganismo e fetichismo na África e impingir uma nova religião aos africanos[11].

Como disse o já citado Benjamin C. Ray, o termo "religião" chega tardiamente à África, e muitos idiomas nativos não têm um equivalente ao termo para descrever aquilo em que acreditam e praticam. O poeta ugandense Okot p'Bitek observou que "os conceitos de 'fetichismo' ou 'animismo' [...] não eram religiões africanas. [...] Não existe tal religião, o animismo, na África"[12]. Neste sentido, uma Religião Africana explicada ou definida como animismo é um exônimo – termo usado por um

---

10. Ibid.

11. MAGESA, L. *African religion*: the moral traditions of abundant life. Maryknoll: Orbis Books, 1997, p. 14.

12. RAY, B.C. *African religions*. Op. cit.

estrangeiro (neste caso, os missionários cristãos) para descrever um outro grupo humano. Embora os missionários ficassem bastante satisfeitos ao se referir aos africanos usando essa palavra, o inverso não ocorria. Não há nenhum problema com o uso dos exônimos; eles são, de fato, uma característica comum das significações sociolinguísticas e geográficas. Para os estrangeiros, *Firenze* é Florença, *Deutsch* é Alemanha e *Misr*, Egito. Diferentemente desses exônimos típicos, contudo, não existe correspondência ou equivalência entre aquilo que os estrangeiros chamam de "animismo" e o que os africanos acreditam e praticam.

Em minha experiência, as tradições religiosas africanas representam uma estrutura todo envolvente de sentido e prática que regula a governança política, as transações econômicas e as interações sociais. Oferece um conjunto de valores e normas que moldam o comportamento político-social no bojo de um contexto no qual todas as pessoas aderem a certos valores morais, suportados pela crença em espíritos, divindades, deuses, deusas e ancestrais. Dentro dessa estrutura, adivinhos, herbolários, sacerdotes, sacerdotisas e numerosos especialistas desempenham o papel vital de supervisores da retidão sociopolítica e moral em contextos nos quais, graças a princípios e crenças compartilhados, a prática espiritual parece atravessar a vida de modo harmonioso e não intrusivo.

Como uma criança africana crescendo na antiga cidade do Benin, sul da Nigéria, também eu teria sido categorizado como um "animista", junto com meu pai, minha mãe e toda minha família, embora a prática mais comum àquela época fosse os cristãos nos chamarem de "pagãos" ou "idólatras", e uma história pessoal ilustra bem esta rotulação depreciativa e estereotipada.

Minha mãe nasceu em 1939, no auge do colonialismo britânico e da Cristandade missionária europeia na Nigéria, então uma nação recém-criada. Com dezesseis anos, mesma idade em que me converti ao cristianismo, ela foi batizada; sua certidão de batismo mostra que a cerimônia teve lugar na paróquia de *Christ Church Onitsha*, Diocese do Níger, na véspera de Natal de 1957. Sob a coluna "Religião Anterior – em caso de adultos", o Reverendo Canon Ezekwesili, que celebrou a cerimônia, escreveu "idolatria". E foi esta idólatra que, dez anos depois, me trouxe ao mundo.

1.4 O animismo corporificado

Como já deve estar bem claro, o "animismo" foi e continua sendo um termo pejorativo, derrogatório. No passado, bem como no presente, tem servido a cientistas sociais, historiadores e teólogos como um instrumento eficiente para significar e codificar a religião alheia, no presente caso a africana, e a evidência demonstra que tal exercício de significação e codificação retrata seu referente como primitivo e idólatra. A mim me resta pouca dúvida de que esta abordagem é irracional e reducionista, que tem por hábito simplificar uma realidade muito complexa. Ao aceitar o rótulo "animista", porém, desejo fazer avançar a narrativa e avaliar a experiência religiosa africana com base em encontros de primeira mão, ao invés de estereótipos e preconceitos. Sou profundamente dedicado a uma apreciação crítica, mas respeitosa, dos valores inerentes à Religião Africana, ao mesmo tempo em que mantenho meu compromisso com os princípios evangélicos como o repositório primeiro da mensagem cristã.

Como é, na verdade, ser um animista? Ao responder a essa questão, meu objetivo principal é sublinhar as fundações da imaginação, prática e consciência religiosas, rotineiramente difamadas pelos fiéis das assim proclamadas religiões universais. Até onde me lembro, e permaneço a me inspirar nessa tradição, o cerne de todo sistema religioso da África é a profunda crença na vivacidade da criação, ou por outra, esta tradição representa uma convicção intensa e inabalável de que nada é inerte no ambiente à minha volta, que "existe um poder interno, invisível em qualquer coisa a qualquer momento"[13]. Transposto às palavras do Papa Francisco em sua encíclica *Laudato Si': sobre o cuidado da casa comum*, isso significa "cada criatura tem uma função e nenhuma é supérflua. Todo o universo material é uma linguagem do amor de Deus, do seu carinho sem medida por nós. O solo, a água, as montanhas: tudo é carícia de Deus" (LS 84).

Desde a *Ikhinmwin* (*Newboldia laevis*), a árvore ancestral que ficava no centro da propriedade[14], o rio que corria a leste da cidade, até o rodamoinho que, acreditávamos, frequentemente arrebatava gente para o mundo dos espíritos, tudo no meio ambiente natural à volta do meu berço religioso exalava poder, energia e vitalidade, e dificilmente havia algo que não exigisse

---

13. MAGESA, L. *What is not sacred? African spirituality*. Maryknoll: Orbis Books, 2013, p. 27.

14. Esta era a árvore mais importante em nossa propriedade: "*Newboldia laevis* [...] é uma planta tropical da família das Bignoniaceae. É uma das plantas mais úteis da África, crescendo até dez metros de altura com padrão caulífroro. É uma planta sempre verde com a altura entre sete e oito metros na África ocidental e até vinte metros na Nigéria. A planta tem folhas caracteristicamente verde escuras e grandes flores roxas. É conhecida por diferentes nomes em diferentes países africanos: *lifui* no Togo, *sesemasa* no Gana, *Aduruku* em hauçá, *ogilisi* ou *ògírìsì* em igbo, *gimgid* no Senegal, *kallibi* no Gâmbia, *Akoko* em ioruba, *canhom* na Guiné, *Ogiriki* em urhobo, *Sherbro* em Serra Leoa, *kinkin* no Mali, íkhímì no estado de Edo, na Nigéria, *Kontor* em tiv e *itömö* em ibibio. [...] *Newboldia laevis* tem diversos simbologias e significados em diferentes países [...] Algumas vilas na Costa do Marfim e no Gabão plantam as árvores perto das tumbas para que sirvam como talismãs protetivos. Os povos Ibibio e Efik da Nigéria consideram-na um símbolo de suas divindades, tendendo, então, a colocá-las em lugares sagrados. A região Igbo da Nigéria se refere à árvore *Newboldia laevis* [...] como sagrada, plantando-a, então diante da casa dos chefes" (https://globalfoodbook.com/incredible-benefits-of-newboldia-laevis-ogilisii. Acesso: 21 out. 2022).

algum grau de respeito, pois cada coisa tinha o seu propósito. A árvore ancestral era um objeto de reverência, demarcava o espaço sagrado e o lugar das *performances* rituais e devocionais de nosso lar. Wangari Maathai, premiada com o Nobel da Paz, confirma esta crença ao afirmar que árvores como esta eram "compreendidas pelas suas comunidades como pontos centrais que conectavam o mundo superior ao inferior... lugares onde residiam os ancestrais ou os seus espíritos". Era dessa maneira que nos relacionávamos e entendíamos a sempre verde Ikhinmwin[15].

O quarto da cura não era um simples cômodo na casa, uma árvore não era somente uma árvore. Não admira que, além de conectar dos mundos, provesse um espaço de reunião e comunhão para as famílias e a comunidade, onde as diferenças eram resolvidas e as conexões e os relacionamentos vitais, restabelecidos. Sua importância reside, em parte, na maneira pela qual facilita a relacionalidade das dimensões vertical e horizontal da existência.

Também o rio exigia deferência, pois era objeto de veneração dos fiéis da deusa d'água. O rodamoinho inspirava espanto religioso – não era um vento qualquer, mas sim o instrumento dos deuses. Quando mais tarde vim a conhecer a doutrina da criação no cristianismo e a sacramentalidade presente no catolicismo, fez sentido pensar no "vento", no "sopro" ou no "espírito" de Deus pairando sobre as águas, acariciando o universo e amalgamando a natureza em vida na manhã da criação (Gn 1,1). Fez sentido também a minha compreensão do "dominai sobre os peixes do mar, sobre as aves do céu e sobre todos os animais que se arrastam sobre a terra" (Gn 1,28).

---

15. MAATHAI, W. *Replenishing the Earth: spiritual values for healing ourselves and the world*. Nova York: Doubleday, 2010, p. 93.

Essa passagem adquire significância a partir dessa formação religiosa.

Como um convertido ao cristianismo católico, como milhões de outros africanos fiz a transição da minha fé ancestral para a cristã, e não se trata de uma coisa fácil de fazer ou de percorrer. Seria pretensioso afirmar que logrei um rompimento inconsútil com meu passado. O presente está sempre imbuído do passado, daí minha predileção por termos como jornada, caminhada, trajetória e peregrinação ao descrever minha experiência religiosa. Talvez tivesse sido mais fácil romper os laços com o passado se este consistisse somente em crenças, doutrinas e dogmas cambiáveis; muito pelo contrário, ele foi e continua a ser um *modo de vida*, e para citar um provérbio africano, "Não importa quantas vezes um leopardo cruze um rio, ele nunca perderá as suas pintas". Resisti e continuo resistindo à noção de que meu modo de vida africano, enraizado na fé do meu pai e animado pelo espírito da minha mãe, não signifique nada mais que uma busca irracional por Deus em "sombras e imagens" – para usar mais um fraseado derrogatório da *Lumen Gentium* (n. 16) produzida pelo Concílio Vaticano II. O viver dos meus pais apoiava-se em imagens para facilitar o encontro com o luminoso e tangível reino do mistério; radiava energia e evocava respeito e mistério, não sombras.

Da mesma forma, não me percebo dividido entre duas tradições religiosas; tampouco aceito os rótulos de "esquizofrenia religiosa" ou "religioso vacilante" que alguns teólogos rotineiramente lançam nos africanos que creem que Deus continua a falar por meio de seu modo de vida ancestral, mesmo depois de ter-se revelado em Jesus Cristo. Trata-se de uma experiência de tensão, mais do que divisão; de inspiração mais do que desespero. É a busca por integração e harmonia, não uma experiência de alienação e conflito. Por esse motivo, tiro imenso conforto da palavra do Papa Paulo VI (1897-1978) que diz "o africano que se torna cristão não renega a si mesmo, mas toma posse dos antigos valores da tradição 'em espírito e verdade'" (AT 14).

Não pretendo afirmar que a Religião Africana é um oásis pristino de pureza ética – antes, sinto que rotulá-la pelo que é não distorce nem desconta as experiências religiosas de milhões de pessoas. Pelo contrário, minha afirmação é que a Religião Africana, a experiência religiosa e a imaginação espiritual vital, permanecem ativas em muitas partes da África e têm um verdadeiro gênio capaz de reavivar a comunidade global de fiéis.

1.5 Algumas diretrizes para o caminho

A África é um continente profundamente religioso. Nos capítulos subsequentes utilizarei dados empíricos que mostram o crescimento sustentável e sem precedentes na afiliação religiosa. À luz desse fenômeno, é importante compreender alguns fatores subjacentes que levaram a esse desenvolvimento atual.

Acrescento que o crescimento religioso representa apenas uma dimensão da corrente situação sócio-político-econômica africana, e há outras importantes questões que irei discutir no curso dessa narrativa. Meu foco principal é a experiência religiosa por causa da maneira como interage com as outras dimensões da vida na África. Parte do poder e do fascínio da Religião Africana reside em sua capacidade de manter os diversos desafios da vida em saudável tensão, ao mesmo tempo em que confere aos seus fiéis a habilidade para lidar e funcionar relativamente bem.

Uma primeira explicação para o crescimento exponencial do cristianismo e do Islã no continente pode ser encontrada na constituição lógica dos africanos. O africano é um crente. Sua experiência de fé não começou com o advento dos missionários –

cristãos ou muçulmanos – e minha própria experiência de crescer em um lar tradicional é um testamento dessa afirmação. No contexto da imaginação e da consciência religiosa dos africanos, fé e crença representam uma abertura para o reino da realidade espiritual, aquela imediatamente acessível tanto na existência humana quanto na natureza, só que diferentemente de outras religiões, não se trata de uma fé codificada em sistemas religiosos, práticas e doutrinas rigidamente controlados. Acredito que esta constituição antropológica, tão característica, seja capaz de iluminar o caminho para a renovação da Igreja no mundo.

A propósito dessa convicção, vem a fala do papa emérito Bento XVI, de que a África "constitui um imenso 'pulmão' espiritual para uma humanidade que parece estar numa crise de fé e esperança"[16], uma elocução elogiosa que expressa a crença explícita na capacidade das tradições religiosas e espirituais da África em ressuscitar uma humanidade espiritualmente asfixiada. A evidência incontroversa do crescimento religioso e da profundidade espiritual da África, como interpretados por Bento XVI, representa um sinal de esperança para o resto do mundo. A África guarda em si uma porção significativa do futuro da Cristandade, ou podemos dizer que o futuro da Cristandade passa pela África. E porque números somente não podem, nem devem, contar toda história, espero que minha narrativa expanda o escopo desta história de crescimento religioso, e ajude a desenvolver uma apreciação teológica que é, a um só tempo, crítica e objetiva.

---

16. BENTO XVI. *Homilia na II Assembleia Especial para a África do Sínodo dos Bispos*. Basílica Vaticana, 4 out. 2009. Disponível em: https://www.vatican.va/content/benedict-xvi/pt/homilies/2009/documents/hf_ben-xvi_hom_20091004_sinodo-africa.html. Acesso: 21 out. 2022.

Além disso, é importante lembrar que a contemporânea identidade religiosa da África atravessa uma herança tripla, compreendendo uma trindade de tradições de fé: a Religião Africana, o cristianismo e o Islã. Para desgosto de experts em religião, teólogos profissionais, evangelistas experimentados e autoridades eclesiais, em diversas partes do continente as pessoas parecem à vontade para, e perfeitamente capazes de, misturar e combinar elementos dessas tradições, de que são exemplo a fé e as crenças do meu pai. Tal tendência sincrética pode ser positivamente interpretada como uma forma saudável de convivência religiosa e tolerância, servindo, pois, como um recurso para o resto do mundo, um contraste agudo com essa era de violento e destrutivo fundamentalismo teológico e religioso, sectarismo e extremismo. Apesar dessa interpretação positiva, não devemos desprezar a realidade das muitas camadas de tensão entre estas tradições religiosas, e exemplos não são difíceis de serem encontrados em crises passadas e presentes, tais como na Nigéria, na Costa do Marfim, na República Centro-Africana, no Egito, na Tanzânia, no Quênia, no Mali, na Somália dentre muitos outros países africanos. Elas apresentam sérios desafios ao dever do diálogo inter-religioso e do ecumenismo, mas eu me mantenho inabalável em minha convicção de que o espírito único de hospitalidade e tolerância imbuído na espiritualidade africana pode ser um ativo para a Cristandade Global, carente que está de modelos de diálogo, tolerância e mutualidade. O mundo contemporâneo do pluralismo religioso e da diversidade exige a coexistência pacífica.

Em terceiro lugar, está bem estabelecido que, atualmente, o centro de gravidade da Cristandade está se movendo dramaticamente, do norte global para o sul, isto é, da Europa e América do Norte para a África, Ásia e América Latina, e conforme uma religião se desloca geograficamente também se modifica por meio do encontro com outras religiões. Embora neste livro minha atenção recaia sobre o cristianismo, as tradições africanas de espiritualidade contêm inúmeros valores e características que podem contribuir para a renovação da Cristandade e do Islã globais. Estas incluem uma profunda consciência da transcendência presente na vida ordinária, no dia a dia; uma atitude de reverência em relação às ecologias humana e natural; um senso espiritual de comunidade; uma compreensão de vida expansiva e inclusiva; um senso de alegria na fé professada pelo povo de Deus; uma compreensão holística da criação, e uma responsabilidade compartilhada no cuidado do universo. Se, graças a tais características e práticas, esta tradição recebe uma rotulação negativa – ou seja, de "animista" – não me envergonho de ser seu proponente. A Religião Africana moldou a minha imaginação religiosa e continua a influenciar positivamente minha prática e minha fé cristã.

Vale a pena repetir que este breve esboço não se destina e afirmar que a Religião Africana delineia um paraíso de bênçãos e harmonia – se mais não for, há que ser evitada mais uma "exotização" ficcional da África. É igualmente relevante perguntar se o retrato aqui pintado da religião na África responde adequadamente à crítica gerada pelo secularismo contra os efeitos adversos da religião numa era pós-moderna. Não penso que a religião seja inocente das provações e das tribulações do Continente Africano: lá, como em todo lugar, ela tem sido e continua a ser usada e abusada de muitas formas, algumas das quais discutirei mais adiante. Ao deixar claro este ponto, enfatizo a *agência* dos fiéis mais do que os valores inerentes das tradições religiosas africanas – uma importante distinção que se deve ter em mente todo o tempo.

Deixando essas questões para posteriores discussões, permaneço convicto de que a espiritualidade africana, ou o seu modo de vida, continuam a influenciar – ainda que, por vezes, imperceptivelmente – a prática e a expressão de fé no continente. Eu as experimentei de perto e aprendi a compreender, respeitar, criticar e apreciar os valores e recursos da Religião Africana para a renovação da fé, da religião e da Igreja na África e mais além.

Na análise final, como o rio que jamais corre ao contrário, não antecipo um retorno descomplicado às duas fases iniciais de minha peregrinação religiosa. Ainda assim, como as pintas do leopardo, seu impacto em minha consciência religiosa e minha visão de mundo teológica conserva-se indelével. Preciso negociar cuidadosamente a interseção dessas três fases de minha jornada religiosa no intuito de determinar seu presente e sua trajetória futura.

2
O milagre do século

Quidquid recipitur ad modum recipientis recipitur.
(O que se recebe, se recebe ao modo do recebedor).
Tomás de Aquino

O crescimento astronômico da Cristandade na África Subsaariana qualifica-se como um milagre evangélico e estatístico, e embora os números até possam não dizer toda verdade, eles não mentem. Em uma das pesquisas mais extensas já efetuadas sobre o crescimento da religião na África, o *Pew Forum on Religion and Public Life* revelou que um em cada cinco de todos os cristãos do mundo, cerca de 21%, vive na África Subsaariana. Dito de outra forma, em um curto período (um século, 1910-2010), o cristianismo nesta região registrou um crescimento de quase setenta vezes o seu número de membros, passando de 7 milhões para 470 milhões. Os métodos de cálculo de tais estatísticas podem variar, mas eles convergem na mesma conclusão: o cristianismo está em alta na África, e não parece mostrar qualquer sinal de cansaço.

Os dados são particularmente reconfortantes para a Igreja Católica Romana: o Center for Applied Research in the Apostolate (CARA [Centro de Pesquisas Aplicadas ao Apostolado]) da Universidade de Georgetown observou que, a julgar pelas variáveis estatísticas, junto com a Ásia, a África registra o maior crescimento católico no mundo. O número de católicos na África tem aumentado na proporção fenomenal de 238% desde 1980. O crescimento da população católica responde por 23% de todo o crescimento populacional africano desde 1980. A percentagem da população africana que se afirma católica cresceu de 12,5% (1980) para 18,6% (2012)[17].

Outros indicadores do crescimento da população católica são evidenciados pelo fato de que o número de paróquias dobrou desde 1980. Também ocorreu um crescimento significativo no número de padres na África (mais 22.787, um aumento de 131%) e na Ásia (mais 32.906, um aumento de 121%) entre 1980 e 2012. É importante observar que esse crescimento não tem beneficiado somente a África: o estudo do CARA destaca igualmente o crescimento do fenômeno o recurso da Igreja ao trabalho de padres africanos e asiáticos nos Estados Unidos, na Europa e em outros lugares onde não há sacerdotes nativos suficientes para abastecer as paróquias. Esse fenômeno da "evangelização reversa" permite a africanos e asiáticos que façam na Europa aquilo que os europeus fizeram com eles, ou seja, converter e reconverter europeus ao cristianismo.

Conquanto os números não mintam, não revelam muita informação quando isolados da realidade vivida: a história que contam, do avanço sem paralelo da Cristandade, toma forma nas multidões de fiéis aglomerando-se à volta dos lugares de veneração. Imensas igrejas, com "mega" capacidade, aparecem em cidades médias e grandes para acomodar rebanhos cada vez maiores de fiéis. Construir uma megaigreja representa um

---

17. Center for Applied Research in the Apostolate (CARA). *Global Catholicism: Trends & Forecasts*, 4 jun. 2015.

símbolo de *status* que separa as celebridades idolatradas e seus pares dos pregadores e evangelistas em ascensão.

O objetivo principal deste capítulo é refletir sobre este fenômeno do crescimento do cristianismo na África Subsaariana pelos olhos de um convertido. Como mencionei anteriormente, minha transição da Religião Africana ao catolicismo, um evento real, nada tem de espetacular quando comparada com experiências bíblicas, como o chamado de Mateus (Mt 9,9-13) ou o encontro de Saulo na estrada para Damasco (At 9,1-19). A minha conversão foi bem menos dramática e relativamente intencional; vista em retrospecto, parece ter sido resultado da minha inquisitiva e impressionável imaginação religiosa e do meu fascínio com ritos e rituais religiosos. Quando resolvi abraçar o cristianismo, eu me comprometi com um processo compulsório de instrução na fé, que à época envolveu uma formação catequética de dois anos até minha recepção formal na Igreja Católica. É de fundamental importância para o leitor lembrar-se de que meu lugar de fala é o de um converso, cuja imaginação religiosa tinha sido profundamente moldada pelas influências da Religião Africana, uma necessária advertência para que esta reflexão esteja colocada em seu devido contexto.

Esta reflexão funciona também como uma exploração dos temas da fé, da religião e da Igreja na África. O termo "exploração" é preferível a "estudo" simplesmente porque evita a falsa ideia de que estou dissecando uma entidade estática, monolítica, encerrada. Como já observei, a África não é uma única história: trançada em meio à narrativa deste livro, está é a minha convicção de que a Cristandade na África é um fenômeno evolutivo, mutante, complexo, não restrito às ferramentas normais das análises acadêmicas; algo que entendo ser positivo. Por outro lado, menos lisonjeiro, que existe graças às muitas e perceptíveis inconsistências entre a prática do cristianismo, canal para uma experiência religiosa radicalmente transformativa, e sua *performance* como um mito superficial, alienador e ambíguo. Este aspecto negativo se parece com uma aventura duvidosa – e em seu pior momento, uma perigosa ferramenta de manipulação empunhada por charlatães e magnatas evangélicos, uma realidade que será o tema dos dois próximos capítulos.

Compreender inteiramente as complexidades e as ambiguidades da Cristandade na África, dentro do contexto mais amplo do cristianismo global, exige um novo olhar sobre a sua história. Quando a história do cristianismo na África é vista não como uma sucessão de eventos desconjuntados e passados, mas sim como uma evolução com múltiplas vertentes, a intersecção e a divergência destas vertentes revelam padrões um tanto desconcertantes, mas observáveis. Desde seu início, o cristianismo na África sempre esteve ligado a eventos globais e desenvolvimentos históricos, e somente no bojo deste contexto global poderemos avaliar com precisão suas premissas e desmascarar os seus mitos. Portanto, quaisquer conclusões que viermos a tirar somente serão válidas por um limitado período de tempo, dado que a realidade que ora se analisa permanece se movimentando e transmutando com fascinante imprevisibilidade.

Precisamente por causa dessa imprevisibilidade, adoto uma postura provisional: meu objetivo não é concluir um debate, mas sim fazer avançar uma conversação. Como deveríamos entender a Cristandade na África do século XXI? Esta reflexão, ou exploração, deve ser um trabalho em curso, em que o progresso advém da contribuição crítica das muitas vertentes de conversação, diálogo e debate. Ao formular e articular minha "captura" do cristianismo na África, não alimento qualquer ideia de completude: a modéstia intelectual exige admitir-se que o objeto dessa pesquisa é grande demais, em escopo e profundidade, para qualquer coisa próxima de um relato compreensivo. A origem e a lógica da minha perspectiva devem já estar bem claras, os matizes e as sombras refletidos por uma experiência de vida e uma prática formativa na Religião Africana.

Percebo um imenso desafio nessa empreitada: numa só palavra, África. Talvez seja incorreto falarmos de uma Cristandade "africana", pois a trajetória do cristianismo na África se apresenta como um amálgama de histórias, eventos, processos, lugares e personalidades que dificilmente podem ser agrupadas em uma única categoria sem que sejam cometidos dois terríveis erros gêmeos, generalização e simplificação, algo que reconheço como um mal necessário – seria fútil resistir.

O que explica esse enigma? Em sua inconfundível crítica às imposições coloniais no continente, o filósofo congolês V.Y. Mudimbe fornece uma exploração plausível: a "África" é uma invenção epistemológica, largamente creditada a uma intelectualidade ocidental oblíqua e amiúde distorcida. E em que pese tudo isso, "África" é uma invenção que funciona. Sua existência e realidade não são postas em dúvida, e tentar desfazer os estratos acumulados dos legados coloniais decadentes é um beco sem saída para aqueles em busca da África "real". Não obstante, optamos por elaborá-lo: a "África" coletiva nos serve como uma ferramenta útil, nos permite analisar situações, avaliar possibilidades, formar opiniões, seguir tendências e gerar consensos concernentes à sua realidade e existência. Trata-se de uma reconhecível entidade demográfica, cultural, socioeconômica, política e histórica. A História é o foco dominante deste capítulo, mas este foco traduz-se em olhar para trás para vermos mais claramente como chegamos até aqui. Mas eu vou contar essa História como uma história.

2.1 Então, era uma vez...

Em 1958, um grupo de cristãos da colônia da Rodésia do Norte (sul da África Central) usava os seguintes termos para se regozijar do plano divino que originara o cristianismo na África: "quando Jesus foi perseguido por Herodes, um europeu, Deus o enviou para a África, e por causa disso sabemos que os africanos têm um espírito cristão nato"[18]. Em minha imaginação religiosa, temos aí uma justificação legítima para a conjunção entre "Cristandade" e "África", mas isso dificilmente seria pretexto suficiente para dar um salto epistemológico até a "co-naturalidade" entre os "africanos" e o "verdadeiro espírito da Cristandade". Sem qualquer intenção irreverente de minha parte, em que pese toda sua proeza visionária e argúcia apócrifa, Jesus, o rabi judeu da Galileia, que praticou sua empresa profética cruzando as vielas lambidas pelo vento de Nazaré e, posteriormente, as planícies da Palestina Judaica, seria incapaz de prever o fenômeno da instituição da Cristandade e do seu crescimento exponencial na África.

Diversos mitos de origem, como o atribuído aos cristãos da Rodésia do Norte, afirmam localizar a origem do cristianismo em algum lugar da África, sendo um deles a célebre fuga da Sagrada Família para o Egito. Uma oliveira, assim diz o mito, plantada pelo adolescente Jesus em seus dias de exílio, sobrevive até hoje. Atraente como for, nenhuma das muitas versões dessa tradição fornece base para um relato cronológico das origens do cristianismo na África. A despeito de sua fundamentação bíblica, não restam provas históricas da fuga da Sagrada Família para o Egito, ou do seu papel decisivo na instituição do cristianismo na África. Pensar em Jesus de Nazaré como o fun-

---

18. ISICHEI, E. *A history of Christianity in Africa:* from Antiquity to the Present. Michigan: Eerdmanns, 1995, p. 17.

dador histórico da Cristandade na África significa uma trivial historicização da mitologia. Só acreditamos em algumas histórias porque queremos. Muito do que as origens da Cristandade na Antiguidade nos permitem afirmar, é tão simples quanto o começo de um conto africano: "Era uma vez o cristianismo, ele veio para África". Nem mais, nem menos.

Mitos demoram a morrer, e embora seja fácil para cidadãos globais do século XXI colocarem de lado o mito da fuga de Jesus para o Egito, incluindo a evidência putativa da oliveira, diversos elementos da produção dos mitos religiosos relacionados às origens do cristianismo na África continuam, resilientes, a adornar as páginas dos livros de História. Tomo nota delas não como pontos de partida, mas sim como um dos muitos fatores que moldam a nossa imaginação religiosa e facilitam a compreensão da história e da evolução do cristianismo na África. Noutras palavras, os mitos e tradições nos permitem narrar o progresso do cristianismo como uma história contínua até hoje, quando atingiu a África.

2.2 O apóstolo e a rainha

Na origem de duas das mais antigas tradições judaico-cristãs da África, estão duas lendas: a do apóstolo e a da rainha. Uma lenda, por definição, não é nem historicamente provável nem objetivamente verificável; trata-se de um passado inventado, e jamais, inteiramente, passado. E exerce tal poder sobre aqueles que nela acreditam e a repassam adiante como uma questão de convicção religiosa, que não poucas instituições sobreviveram séculos atadas aos mais rúpteis fiapos legendários, de que oferecem exemplos pertinentes as histórias de fundação da Igreja Copta do Egito e da Igreja Ortodoxa Etíope Tewahido, da Etiópia.

A Igreja Copta afirma que Marcos, o evangelista, foi seu fundador, e com suas credenciais de autor de um dos evangelhos canônicos, ele permanece como a base sólida desse enclave de prática cristã cercada por uma vasta população muçulmana. Por causa dessa história particular e da localização geográfica, o que resta da comunidade da Igreja de São Marcos tem vivido sua frágil e contida existência dentro das fronteiras do Egito, embora em tempos idos, e por um breve momento, tenha sido bem-sucedida em fazer importantes incursões ao sul, na direção do Reino de Axum, atual Etiópia.

Dizer que a fundação da Igreja Copta é legendária não significa desconsiderar as glórias historicamente comprovadas da Cristandade no norte da África: relatos numerosos de vívidos personagens (Antão, Pacômio, Teodoro, Atanásio, entre outros), eventos momentosos e sítios exóticos característicos da África do Norte cristã ainda sobrevivem, firmemente gravados em letras maiúsculas nas tradições teológicas cristãs e no mapa da Cristandade Global.

Os registros históricos admitem que nos primeiros 600 anos da Era Comum, o Norte da África cristão borbulhou com fermentação religiosa: houve um florescente monasticismo nos desertos, o desenvolvimento de intelectualidade teológica, a proliferação de igrejas e a presença de acirradas disputas teológicas destinadas a acertar querelas variadas e estabelecer uma robusta ortodoxia doutrinária. Este levedo libertou uma onda de escolas e movimentos teológicos fortes o bastante para influenciar o desenvolvimento do cristianismo séculos adentro.

Voltando nosso olhar para muitos séculos atrás, o cristianismo norte-africano, em especial a tradição Copta, legou à Igreja global duas coisas que ainda sobrevivem na história eclesiástica: um novo modo de dar testemunho ao chamado evangélico, na forma do monasticismo e do eremitismo; e uma plataforma para debate, desenvolvimento e estabelecimento da ortodoxia doutrinária por meio da prática da conversação. O primeiro sobreviveu perceptivelmente bem; o segundo teve uma história matizada.

Até hoje é impossível desvencilhar o papel do Norte da África cristã da emergência, desenvolvimento e codificação das articulações centrais das crenças cristãs, as mais notáveis das quais os dogmas cristológicos e trinitários e as afirmações do credo. E, embora só reste uma mera fração do que foi um dia, seu legado teológico, doutrinário e dogmático permanece indelével.

Pouco acima da linha do Equador, na ponta leste da África, outra igualmente fascinante tradição cristã se desenvolveu. Conforme a narrativa, sua protagonista foi a rainha bíblica de Sabá, que visitou o sábio herdeiro da Casa de Davi, o Rei Salomão, em Israel, e retornou grávida. Graças à inadvertida sagacidade do filho de Salomão, Menelik, fundador da linhagem imperial etíope, a Arca da Aliança foi levada para a Etiópia, uma lenda desenvolvida na famosa crônica das dinastias reais da Etiópia, o *Kebra Nagast* (*A glória dos reis*). Uma variante sugere que o Salomão deu a Arca de presente para a rainha. Jamais saberemos o que realmente aconteceu.

Segundo a narrativa bíblica, a Arca não era um objeto qualquer, mas sim o resultado da ordem especial de Deus para Moisés, e deveria ser o reverenciado repositório de duas tábuas de pedra nas quais os Dez Mandamentos divinos haviam sido entalhados, o selo da aliança entre Deus e o povo de Israel recém-libertado da escravidão no Egito. Onde quer que estivesse a Arca, lá estava Deus em toda sua glória maravilhosa e cegante esplendor. Em seu *blockbuster* de 1981, *Os caçadores da Arca Perdida*, Steven Spielberg apresentou uma história vívida e espetacular da significância e potência desse artefato bíblico.

Na capela de pedra de Axum, abrigada nas terras altas do norte da Etiópia, um solitário monge virgem monta guarda à Arca, conhecida pelos cristãos etíopes como *Tabota Seyen*. Ele vive e morre em presença da Arca. Ninguém jamais a viu, e ninguém deve vê-la, senão a sucessão de guardiães solitários e virgens. Este antigo objeto de mistério está no cerne de uma das mais espetaculares festas religiosas, o *Timkat*, celebração da Epifania na tradição ortodoxa etíope.

O ato singular de romance imperial entre a Rainha de Sabá e Salomão deu início a uma série de eventos nos quais as tradições judaico-cristãs da Etiópia estão firmemente baseadas. As origens da Igreja Ortodoxa Etíope são coptas, mas suas raízes são judaicas, acrescentadas influências egípcias e siríacas. Seu momento histórico decisivo teria se dado no começo do século IV, quando se acredita que São Frumêncio, ou Abba Salama (Pai da Paz), primeiro bispo de Axum, e Santo Edésio evangelizaram a Etiópia e fundaram a Igreja Ortodoxa. Mas a narrativa do eunuco etíope (At 8,26) também é tida como um catalisador histórico para o início da evangelização da Etiópia. Durante muitos séculos, o cordão umbilical da Igreja Etíope esteve teológica, litúrgica e doutrinariamente ligado com força ao Egito, um vínculo rompido em 1959, quando a Igreja Etíope passou a apontar o seu próprio líder supremo, *Abuma*, escolhido dentre os clérigos nacionais.

Estas duas lendas, amplamente simplificadas, de Marcos e da Rainha de Sabá, demonstram um fato: a história do cristianismo na África não é puramente história, mas evolução. Se a História pressupõe uma linearidade de relatos, a evolução revela mutação de cepas e a importância crítica da adaptação para a sobrevivência. Ironicamente, porém, devido a uma série de eventos históricos, nenhuma daquelas duas tradições evoluiu significativamente: sob a pressão excruciante da invasão e da dominação islâmicas, a Igreja Copta Egípcia sobreviveu em uma bolha teológica, eclesiológica e doutrinal, e com o passar do tempo vivenciou perseguição e martírio frontais, orquestrados por terrorismo extremista disfarçado de ideologia religiosa.

Sua progênie doutrinal, a Igreja Ortodoxa Etíope Tewahido, da Etiópia, enfrentou semelhantes desafios, além das incansáveis tentativas, por parte de missionários europeus, jesuítas incluídos, de penetrar suas bem-defendidas fronteiras religiosas. Até certa medida, a Etiópia teve sucesso em repelir os avanços missionários estrangeiros, mas com duas consequências inesperadas. Primeira, isolou-se da Cristandade Global; segunda, brilhou em sua excepcionalidade religiosa, mas quase não imprimiu qualquer forma de impacto além de seu grupo consuetudinário nacional. As glórias da Igreja etíope continuaram a se manifestar em sua rica herança arqueológica, sálmica, poética, hagiográfica, linguística, e é digna de nota a existência de comunidades imigrantes muito vivas da Tewahido em diversas partes do mundo: no vizinho Quênia, por exemplo, seus membros são facilmente reconhecidos pelos seus xales e túnicas simples de tecido fiado, que usam ao se reunir ou se dispersar dos cultos.

A quase eliminação da Cristandade no norte africano e a exótica glorificação do seu ramo etíope não geraram qualquer ímpeto significativo para desenvolver e fazer crescer o cristianismo na África Subsaariana nos séculos subsequentes. Conquanto fortes dentro de suas respectivas bases nacionais e crescentes comunidades imigrantes na diáspora, nenhuma dessas tradições históricas é responsável pelo astronômico crescimento do cristianismo que a África testemunhos nos séculos XX e XXI.

2.3 Os missionários estão chegando

A quase aniquilação do cristianismo na África do Norte e a inércia exótica da Igreja Etíope não fizeram bem ao desenvolvimento e crescimento da religião na África nos séculos que se seguiram. Isso seria transformado entre os séculos XV e XVII quando intrépidos marinheiros, mercadores e caçadores da fortuna europeus, com financiamento estatal e frequentemente vestidos como exploradores e embaixadores certificados, começaram a se aventurar em busca dos mistérios e recompensas do Continente Negro. Na garupa dessas expedições corajosas, vieram os missionários cristãos, que no curso de três séculos desembarcaram ao longo da linha costeira da África sob o patrocínio dos oficiais coloniais. O colonialismo e o cristianismo operaram como as duas mãos do provérbio, uma lavando a outra, como empreitadas mutualmente complementares e revigorantes.

As expedições coloniais e missionárias entre os séculos XV e XVII produziram uma linhagem distinta da Cristandade, centrada em lideranças tradicionais africanas, chamada "civilização das cortes cristãs", cujos múltiplos exemplos incluem o Reino do Kongo (atuais Angola e República Democrática do Congo) e fiadas de monarquias no litoral da África ocidental, lugares como os reinos de Abomey, Ashanti, Benin e Warri. As "cortes cristãs" sobreviveram por pelo menos dois séculos, mas não se enraizaram de fato, o que não chega a surpreender, pois, como o nome sugere, foram na melhor das hipóteses, o passatempo preferido das elites monárquicas; e, na pior, uma vantajosa estratégia de conveniência política.

Enquanto estratégia missionária, as cortes cristãs baseavam-se numa premissa simples: como o arranjo político na África central (entre 1500 e 1800) investia reis, chefes, suseranos e elites governantes de poder quase absoluto (que incluía, oportunamente, o exercício da autoridade religiosa), os missionários supuseram que a conversão dos governantes e das elites dispararia o gatilho catalítico da conversão dos seus povos inteiros. Em outras palavras, a religião do monarca determinaria a religião dos seus súditos, num direto e indubitável transplante do princípio político medieval *cuius regio, eius religio*. Em retrospecto, tal estratagema provou ser um sério erro de cálculo, e deixou uma chaga histórica na credibilidade da missão cristã na África.

As elites governantes, especialmente os reis, não eram ingênuas, e conforme suas próprias estimativas, a aliança com os missionários e a conversão nominal aumentavam significativamente a possibilidade de receberem apoio militar e acesso a transações comerciais favoráveis com as potências coloniais. Tal arranjo, em muito almejado, garantia a dominância – ou a percepção dela – sobre e contra rivais políticos. Talvez o maior dos males à empreitada missionária, do qual os agentes da Cristandade certamente tinham ciência, tenha sido o fato de as elites governantes terem igualmente estabelecido blocos econômicos que negociavam bens em troca dos produtos luxuosos e exóticos da Europa. Por mais de três séculos, estes bens foram constituídos quase inteiramente de carga humana, e assim, em virtude de sua predileção pelo reconhecimento das cortes, a Cristandade na África cortejou e incorreu em censura histórica pela cumplicidade no terrível e ilegal tráfico de seres humanos.

Até hoje, vestígios dessa linhagem fracassada da civilização cristã abundam em diversas partes da África, cujos exemplos incluem as vestimentas cortesãs do palácio dos chefes e um santuário nacional de Aruosa na cidade do Benin, e os nomes portugueses e títulos reais nos anais do antigo Reino do Kongo.

No fim do século XVIII, ao menos três linhagens cristãs estavam presentes na África: os Coptas no norte, a Tewahido etíope e a Cristandade cortesã. Os primeiros lutavam pela sobrevivência, engolfados por uma florescente, mas hostil, civilização islâmica; a segunda vivia confinada dentro das fronteiras nacionais, como religião oficial da Etiópia (um *status* de que desfrutava desde 333 EC); a última desaparecera à medida que os reis eram defenestrados pelas potências coloniais que sustentavam seus regimes. Uma nova cepa da Cristandade se preparava para entrar em cena, e transformar, de uma vez por todas, os destinos do cristianismo na África – para o bem ou para o mal.

2.4 Que comece a disputa

O século XIX testemunhou a emergência de uma nova onda de evangelização na África, a Cristandade missionária. A expansão colonial ganhava força, e os exploradores se aventuravam cada vez mais no interior, muito além das regiões costeiras. Sem querer ser deixada para trás pelos aventureiros seculares, a Cristandade institucional também tomou a decisão de seguir terra adentro – seu compromisso com a pregação da "Boa-nova" era, afinal de contas, de natureza divina – e como em séculos anteriores, houve um robusto e intencional envolvimento entre os missionários cristãos e a empresa colonial europeia ente o fim do século XVIII e o começo do século XX. A conhecida historiadora do cristianismo africano, Elizabeth Isichei, observou que, em muitas partes do continente, os nomes locais para "missionários" eram também sinônimos de "homem branco": em Ganda, os missionários católicos eram, simplesmente, franceses, *baFranza*, e seus colegas protestantes, ingleses, *baIngereeza*; em minha língua materna, a palavra Efada ([reverendo] "pai") era usada para designar "homem branco". E, embora "padre" representasse a cruz e "homem branco" a coroa, aos olhos do povo eram a mesma coisa.

A Cristandade missionária inaugurou uma partilha denominacional pela África. Na história africana, o termo "disputa"[19] é altamente sensível e evocativo; usei-o deliberadamente para ligar a empresa missionária a um outro episódio contemporâneo igualmente definidor, qual seja, a partilha da África pela Europa colonialista e imperialista. Este evento, historicamente lembrado como a Conferência de Berlim de 1884-1885, teve um único objetivo: acertar a legitimidade das demandas territoriais na África, e resultou na divisão do continente em linhas comerciais, econômicas e políticas. Verdade seja dita, as potências coloniais prestaram um grande serviço aos missionários cristãos, pois a repartição denominacional e a disputa pela África deu-se em paralelo ao processo político colonial, e representou um dos aspectos definidores das sociedades missionárias europeias. Com o mapa político africano recém-desenhado, estas sociedades mapearam seus territórios além-mar e renovaram suas incursões evangélicas.

Embora a imaginação evangélica das Sociedades Missionárias Protestantes (Batistas, Anglicanas, Wesleyanas, Metodistas, Luteranas, Reformadas, Presbiterianas, e assim por diante) mal tenha excedido o horizonte da Grande Comissão (Mt 28,16-20), seu projeto era, não obstante, monumental: preconizava o advento de uma nova sociedade na África. Sem se deixar deter pela ameaça das doenças tropicais, inúmeros prosélitos missionários, entusiastas, zelotes, aventureiros, soldados a pé, seguiram caminhos que se abriam em leque pelo Sul, Leste, Oeste e Centro da África, em missão apostólica para estabelecer uma

---

19. *Scramble*, no original [N.T.].

nova civilização cristã, solidamente calcada no modelo da Cristandade europeia.

No lado da Igreja Católica Romana, o projeto evangelizador foi concebido e levado adiante pelas congregações missionárias que proliferaram no século XIX, muitas das quais, se não todas, sobrevivem até hoje. A lista incluiria a Sociedade das Missões Africanas, a Congregação do Espírito Santo (Espiritanos), os Missionários da África (*Patres Albi*, os Padres Brancos), os Missionários Oblatos de Maria Imaculada, os irmãos e irmãs Combonianos, as irmãs de Nossa Senhora de Namur, as irmãs de São José de Cluny, entre muitos outros.

Um aspecto se destaca nessa empreitada evangelizadora da África Subsaariana: em que pese uma certa tensão, a África se mostrou, em larga medida, receptiva à mensagem da Cristandade missionária – embora o termo "recepção" talvez seja forte demais. As comunidades africanas não apenas receberam o cristianismo proposto pelos missionários, mesmo naquelas circunstâncias em que foi imposto pela força das armas ou pela malícia dos brindes; elas também interpretaram e traduziram o cristianismo de acordo com suas crenças religiosas, imaginação e consciência nativas, a que identifico genericamente como Religião Africana. Esse fator dá conta, em parte, da origem e das características singulares das igrejas africanas independentes/instituídas.

Dos esforços e sucessos dos missionários protestantes e católicos no estabelecimento de igrejas denominacionais, eventualmente brotariam, na virada dos séculos XIX e XX, comunidades cristãs independentes e comandadas por africanos. Um punhado de nomes me vem à mente: *Ibandla lamaNazaretha* (Igreja Batista Nazaré, na África do Sul), fundada por Isaiah Mloyiswa Mdliwamafa Shembe (1870-1935); a Igreja Cristã Sião (África do Sul), fundada por Engenas Barnabas Lekganyane (1885-1948); e a Igreja Celestial de Cristo (Nigéria), fundada por Samuel Belehou Joseph Oshoffa (1909-1985).

Essas comunidades caseiras foram as precursoras das megaigrejas africanas da atualidade, e em seus dias de glória abarcavam vastos territórios geográficos. Como não poderia ser diferente, elas foram objeto de especial interesse dos poderes coloniais, graças à influência que exerciam sobre as massas populares. Em sua luta por uma Igreja cristã africana, emancipada e autônoma, essas comunidades adotaram códigos de conduta e padrões práticos que tendiam a privilegiar o Antigo Testamento ao Novo, baseando-se, em parte, na afirmação de certa afinidade entre as práticas judaicas bíblicas e as tradições religiosas e valores africanos indígenas.

Esta narrativa resumida identifica várias linhagens evolutivas da Cristandade na África (Ortodoxa Copta, Ortodoxa Etíope, portuguesa-cortesã, sociedades e congregações missionárias europeias e independente africana); no começo do século XX, o pentecostalismo norte-americano levou à emergência de ramos pentecostais e carismáticos do cristianismo africano. Existe muita literatura e pesquisa acadêmica sólida a respeito dessas linhagens temporãs da Cristandade na África, e sobre elas eu tratarei mais explicitamente no capítulo 4.

2.5 Lendo nas entrelinhas

A diversidade e a combinação de linhagens das histórias missionárias resultaram em uma estupenda realidade no século XX: o crescimento astronômico do cristianismo na África, um desenvolvimento que é objeto de análises entusiasmadas sobre o progresso, os prospectos e as promessas do cristianismo na África para a Igreja global. Já mencionei as importantes pesquisas conduzidas pelo Pew Forum on Religion and Public Life e pelo Center for Applied Research in the Apostolate[20] (CARA) da Universidade de Georgetown, e tal qual muitas outras pesquisas e estudos, ambos chegam a um dado positivo – o cristianismo na África é de vital importância para a sobrevivência futura da comunidade cristã global – ou dito de outra forma, o futuro da comunidade cristã global passa pela África.

As respostas a esse fenômeno variam do espanto à surpresa, da celebração ao júbilo. O Cardeal Theodore McCarrick, arcebispo emérito de Washington D.C. e presidente do subcomitê para a Igreja na África da conferência episcopal americana declarou certa vez: "o crescimento da Igreja na África é um presente para a Igreja como um todo".

Ainda que tenha usado a palavra "milagre" no título deste capítulo, não deixa de ser uma caracterização algo equivocada de um século de dramática expansão do cristianismo na África. Da maneira como o entendo e utilizo, o termo "milagre" não pretende incorporar a intervenção divina ou dar crédito à ação sobrenatural pelo desabrochar da empresa cristã na África do século XXI. A agência e a criatividade humana são, mais provavelmente, fatores-chave para a evolução, sobrevivência e expansão da Cristandade na África durante o século passado e o atual.

Julgando a partir de suas percepções, preconceitos e estereótipos, os missionários não esperavam muito retorno dos seus árduos e arriscados esforços evangélicos. Para a média deles, a partida para a África no século XIX tratava-se de um fenômeno amplamente difuso e profundamente arraigado. O estigma de "cova do homem branco" não era uma nomenclatura puramente metafórica, pois a combinação entre a malária rampante e outras

---

20. Centro de Pesquisas Aplicadas ao Apostolado da Universidade de Georgetown [N.T.].

doenças tropicais asseguravam taxas de mortalidade assustadoramente elevadas entre colonos e missionários europeus, ainda que, por sua vez, tenham introduzido enfermidades até então desconhecidas pelas populações africanas. Em seu duro relato feito sobre a arrogância socioeconômica e política e dos horrores do Império Britânico em todo o mundo, e as consequências que se lhe seguiram, Kwasi Kwarteng descreve como "os nigerianos gozavam dizendo que o mosquito deveria ser reconhecido como um herói nacional, pois havia prevenido a chegada de colonos brancos, algo que, sem dúvida, havia facilitado o processo político da Nigéria"[21]. Boletins missionários originais, memórias e correspondência de campo reportam, em imagens vívidas, seus encontros com canibais, idólatras e selvagens, negros no corpo, na alma e no coração.

É compreensível que, para muitos, sob tais circunstâncias, o proselitismo fosse semelhante a montar expedições arriscadas à fortaleza amaldiçoada de Satanás, e mesmo os mais entusiastas, como Charles Lavigerie (1825-1892), fundador dos Padres Brancos, acabaram acreditando que converter um povo sem religião, ideia de Deus ou moralidade era uma batalha perdida, pela qual ele estava disposto a aceitar conversões como recompensa, por mais escassas que fossem.

2.6 Cuidado com presentes

Três questões afins deveriam ser levadas em consideração dentro de qualquer debate sobre a conversão da África. A primeira, etiológica: qual o motivo da fenomenal conversão da África ao cristianismo e do crescimento astronômico de

---

21. KWARTENG, K. *Ghosts of empire: Britains's legacies in the modern world.* Londres: Bloomsbury, 2011, p. 286.

cristãos no continente nos últimos cem anos? Acredito que a resposta não seja tão sofisticada quanto os historiadores da religião, sociólogos e antropólogos fazem parecer[22]. Quanto à segunda, empreendo uma crítica ao fascínio com o crescimento estatístico do cristianismo na África; pretendo demonstrar que, nos relatos teológicos como nas pesquisas científicas, necessitamos de uma avaliação mais crítica e realista do fenômeno "crescimento" antes que ele seja considerado um presente para a Igreja global. Para a terceira, proponho uma hipótese sobre por que a Igreja global pode continuar a contar com o crescimento da Cristandade na África num futuro próximo.

2.7 O modo do receptor

Ao menos três aspectos merecem ser considerados a respeito do crescimento astronômico do número de cristãos no continente no decorrer dos últimos cem anos. Primeiro, noves-fora as heroicas tentativas dos missionários de seduzir à fé, as cortes reais sob o patrocínio da Europa imperialista, os primeiros verdadeiramente convertidos à Cristandade, especialmente durante a terceira onda missionária dos séculos XIX e XX, foram homens, mulheres e crianças economicamente empobrecidos, socialmente marginalizados e culturalmente subalternos.

---

22. Penso aqui, por exemplo, nas espirituosas tentativas de Robin Horton de explicar a "conversão africana" nos anos de 1970, expondo uma teoria da progressão natural de um contexto ou enclave restrito, microcósmico, para a exposição a um contexto mais amplo, macrocósmico, das religiões globais, como islamismo e o cristianismo (cf. HORTON, R. African traditional thought and western Science. *Africa* 37, 1967, p. 50-71. • HORTON, R. African Conversion, *Africa* 41, 1971, p. 85-108. • HORTON, R. On the rationality of conversion. *Africa I* 45, 1975, p. 219-235. • HORTON, R. On the rationality of conversion II. *Africa* 45, 1975, p. 373-399. • HORTON, R; PELL, J.D.Y. Coversion and confusion: a rejoinder on Christianity in eastern Nigeria. *Canadian Journal of African Studies* 10, n. 3, 1976, p. 481-498).

Eis, portanto, o grosso dos africanos que se agregaram à volta de personalidades salvadoras como Isaiah Shembe e Samuel Oshoffa. O cristianismo na África moderna não se enraizou e espalhou a partir dos centros do poder político, como os primeiros missionários planejaram e almejaram; antes, evoluiu nas crateras das vilas cristãs, nas missões avançadas, nas casas missionárias, a larga maioria das quais servia de refúgio e abrigo para os excluídos da sociedade – ou segundo a precisa descrição do eminente historiador do cristianismo na África, Adrian Hastings, "os rebotalhos da sociedade africana"[23] – que incluíam deficientes físicos, leprosos, mães de gêmeos, viúvas, gente sem filhos e escravizados. Em resumo, "aqueles para quem o mundo tradicional oferecia pouca alegria"[24].

Notavelmente, estes assim-chamados rebotalhos e cristãos marginais foram os primeiros a colher em massa os benefícios da Cristandade missionária, como educação, saúde e instrução catequética. Historiadores do cristianismo na África frequentemente são críticos da estratégia missionária, da opção por criar uma sociedade alternativa ao invés de, profeticamente, denunciar as estruturas sociais injustas e opressivas. Ainda que haja mérito nessa análise, o fato inegável é que, mesmo sem desejá-lo, o cristianismo estava transformando a sociedade, a partir das margens e das periferias do continente. Embora as elites dirigentes lançassem um olhar de desprezo sobre essa religião dos pobres, seriam precisamente eles os primeiros a se beneficiarem da alfabetização ocidental, do aprendizado dos números e de outros saberes vitais à gestão da máquina administrativa colonial e, posteriormente, das nações independentes.

---

23. HASTINGS, A. *Church & mission in modern Africa*. Londres: Burns & Oates, 1967.

24. ISICHEI, E. *A history of Christianity in Africa*. Op. cit., p. 156-157, 168-170.

Um dado da realidade: a Cristandade na África preservou sua memória histórica porque continua a apelar aos pobres, com uma notável diferença: a pobreza não é mais considerada o feliz estado de bem-aventurança exaltado nas beatitudes evangélicas, mas sim uma condição reversível na qual a semeadura da fé poderá provocar prosperidade socioeconômica, ponto ao qual retornarei em breve.

O segundo aspecto: o sucesso e a prosperidade do cristianismo na África estão arraigados nos instintos adaptativos da religião. As linhagens sobreviventes mais fortes são aquelas que não se exaurem na preservação fútil de lendas antiquadas, mas as que exploram as oportunidades de estender suas comunidades em meio às vastas populações africanas. Em termos de marketing, as lideranças cristãs viram um imenso mercado potencial e aceitaram o risco. As consciências dos missionários protestantes e católicos não entraram em crise quando perceberam sua missão como proselitismo, mesmo se para tanto se escudassem no apoio do Estado colonial. Os pentecostais, evangélicos, carismáticos e as igrejas africanas independentes da atualidade dificilmente seriam considerados tímidos ou hesitantes no que tange à busca ativa e ao recrutamento de novos membros, uma tarefa evangélica intensamente competitiva. Os métodos de aliciação demonstram sofisticação, engenhosidade e inovação, especialmente quando propelidas pela revolução digital e pelo crescimento sustentável das mídias sociais. Até que ponto certos métodos evangélicos fortalecem ou distorcem a mensagem cristã é assunto para um capítulo posterior.

O terceiro aspecto: as linhagens sobreviventes da Cristandade missionária compartilharam algumas comunalidades fundamentais. Priorizaram as Escrituras como uma narrativa eminentemente traduzível e amplamente acessível, que permitiria aos convertidos facilidade e capacidade de não apenas recitá-las e papagueá-las, mas de apropriar-se e recontar a história cristã em seus idiomas locais, familiares, adaptando-a ao seu contexto, processo esse que, evidentemente, implica seletividade e criatividade por parte dos convertidos africanos. Em sua forma atenuada, essa noção de tradutibilidade, proposta e popularizada pelo intelectual gambiano Lamin Sanneh, metamorfoseou-se, passando da adaptação, ou contextualização, à aculturação. O teólogo tanzaniano Laurenti Magresa demonstrou em seu estudo que esta aculturação é um processo crítico e mutualmente enriquecedor, pelo qual os Evangelhos adotam a voz, o tom e a textura do contexto local ou da comunidade, e a comunidade, por seu turno, reinterpreta a mensagem evangélica em novas, e singulares, maneiras[25], definição com a qual os pioneiros das igrejas africanas independentes teriam concordado.

Esses três aspectos são ou perceptivelmente ausentes ou recessivos na evolução das tradições cristãs Copta e Etíope. Por esta razão, discordo da afirmação do renomado historiador da Igreja Adrian Hastings, "a Cristandade egípcia do século IV seria, inegavelmente, paradigmática para a África do futuro"[26], que percebo como um exagero histórico. Histórica, teológica e liturgicamente, os termos e a tese dessa monumental afirmação permanecem infundados.

2.8 Os números não mentem?

Estatísticas me causam uma segunda preocupação. Como sugeri anteriormente, muitos estudiosos conhecem, analisam e se relacionam com a África cristã em termos puramente esta-

---

25. MAGESA, L. *Anatomy of inculturation*: transforming the Church in Africa, 1450-1950. Oxford: Oxford University Press, 1996, p. 6.

26. HASTINGS, A. *The Church in Africa, 1450-1950*. Oxford: Oxford University Press, 1996, p. 6.

tísticos. Não há dúvida de que os números são eloquentes, mas, a partir da perspectiva crítica de ser, eu mesmo, um converso, tal preocupação se aproxima de uma obsessão e de um triunfalismo que impedem uma avaliação crítica e uma compreensão da importância da Cristandade na África para a comunidade cristã global.

Em artigos e pesquisas previamente publicados, citei estatísticas para demonstrar o crescimento "miraculoso" do cristianismo. Contudo, padrões recentes de crescimento e evolução me convenceram de que números, sozinhos, não dizem toda a história do cristianismo na África – em verdade, passam por relatos anêmicos ao invés de narrativas sanguíneas do progresso, prospectos e promessas da Cristandade na África. Por conseguinte, sinto necessidade de qualificar e criticar essa obsessão com as estatísticas, a pedra angular de numerosas análises acadêmicas sobre o assunto.

Como bem o sabem os estatísticos e os cientistas sociais, coletar dados nas comunidades cristãs africanas se trata de um exercício notoriamente frustrante. Estas comunidades estão em perpétuo processo de autorreplicação e mutação. Dessa forma, as estatísticas sobre movimentos religiosos cristãos nos permitem, na melhor das hipóteses, palpites fundamentados.

A questão central permanece: como medir e avaliar a expansão do cristianismo na África? Seguindo a linha do meu argumento, mesmo se as estatísticas e a demografia forem ferramentas de medição precisas, intérpretes objetivos da realidade do cristianismo na África em termos de crescimento ou declínio, a expansão não pode ser reduzida a um mero processo material e impessoal. Em seu cerne, a Cristandade não é uma questão de contar cabeças, massas, multidões de devotos entrando e saindo de lugares de adoração. Suas experiências de vida precisam ser referenciadas.

Já nos anos 1960, Adrian Hastings considerou a rápida expansão do cristianismo um problema para a Igreja, e predisse que "a conversão em massa, que tem sido característica de maior parte do trabalho missionário no passado ainda recente, terá cada vez menos espaço no futuro"[27]. Dita há mais de 50 anos, a previsão do eminente historiador da Igreja ainda não se materializou – ao menos não da maneira como ele pretendeu. O corrente crescimento do cristianismo é massivo, e o número de conversões (contado a partir do número de batismos), significativo. Talvez o que verdadeiramente importa na observação de Hastings seja a salutar precaução em fiar-se pesadamente, e sem o necessário criticismo, nas estatísticas e na demografia para aferir saliência, relevância e vitalidade do cristianismo na África de hoje.

Estatísticas podem ser reducionistas, e ser usadas para demonstrar a simples justaposição do parco comparecimento às igrejas e da autoidentificação religiosa no Hemisfério Norte com os bancos lotados, abarrotados, dos templos no Hemisfério Sul. Para pintar um retrato em termos vívidos, é como se, numa balança, a preponderância numérica da Cristandade no Sul global deslocasse o equilíbrio em sua própria direção, deixando o Norte perigosamente pênsil.

Se adotarmos uma perspectiva histórica de longa duração e, em especial, evolucionária, a presente realidade do cristianismo na África é parte de um longo processo no desenvolvimento de uma Cristandade Global, não um ponto-fora-da-curva demográfico.

A partir das estatísticas, estudiosos chegam, rotineiramente, a conclusões sobre a vitalidade do cristianismo na África, e

---

27. Ibid., p. 49.

eis, portanto, mais um mito criado: o da vitalidade. Em uma pesquisa sobre o Islã e o cristianismo na África Subsaariana conduzida em 19 países pelo já mencionado Pew Forum on Religion and Public Life, concluiu-se que:

> A África Subsaariana está, de fato, claramente entre os lugares mais religiosos do mundo. Em diversos países ao longo do continente, quase nove em cada dez pessoas afirmam ser a religião algo *muito importante* para suas vidas. Seguindo esta medida padrão, mesmo as nações menos inclinadas do ponto de vista religioso têm números mais altos que os Estados Unidos, considerado o mais religioso dos países industriais avançados[28].

Da mesma forma, o relato do CARA observa em suas linhas introdutórias: "indiscutivelmente, os três mais importantes indicadores de 'vitalidade' para a Igreja Católica são o número de católicos, o de paróquias e o de sacerdotes".

Para medir a vitalidade religiosa, as ciências sociais usualmente pesquisam os números contabilizados da frequência à igreja, junto a respostas de entrevistados no que tange à sua afiliação religiosa, observância e devoção. Além da subjetividade das avaliações inerente a esse método, o pesquisador amiúde ultrapassa as fronteiras da investigação para chegar a resultados em matérias tais como a vitalidade e o vigor da vida religiosa.

Ao centrar a atenção nesses indicadores externos, perdemos importantes questões surgidas do relato da própria natureza do cristianismo. Embora a religião demonstre fluxos mensuráveis, não faz uma declaração passageira; antes, afirma que a transformação é possível para os fiéis e suas estruturas sociais.

---

28. Pew Forum. *Tolerance and Tension: Islam and Christianity in Sub-Saharan Africa*, 2010. Disponível em: http://www.pewforum.org/files/2010/04/sub-saharan-africa-full-report.pdf

Emmanuel Katongole afirma, em seu importante trabalho *The sacrifice of Africa*, que para além da frequência às igrejas e da devoção, é importante pesquisar até que ponto, por exemplo, o cristianismo na África cumpre com a promessa de promover o florescimento humano, a transformação social, o desenvolvimento econômico e uma imaginação política transformativa[29]. Estudos e pesquisas estatísticas não respondem essas questões, as quais, estou convencido, oferecem critérios mais relevantes para avaliar a importância da Cristandade na África para a Igreja global.

Os estudos estatísticos alimentam, por fim, mais um mito: o da homogeneidade. Na África, o cristianismo cresce em diferentes direções, e raramente seu padrão de crescimento é uniforme. Existem variações significativas entre os países, e mesmo dentro das próprias nações, que podemos perder se nos fixamos em números. Considere-se, por exemplo, a variável básica de frequência semanal à missas católicas: na Nigéria, este número atingiu 92% em 2011, enquanto na África do Sul, no mesmo ano, foi de 38%. Variações similares foram observadas entre países e no interior destes[30].

Na análise final, minha crítica se dirige a uma única palavra: crescimento. Será o crescimento uma mera função numérica? Para alguns teólogos, estatísticos, sociólogos e historiadores, é o mais significativo dos indicadores de progresso. Defendo a posição de que os estudiosos, especialmente os que abordam a questão a partir da teologia e da ética, devem estar mais alertas às limitações e armadilhas dos números.

Se retornarmos por um momento às ruínas da Cristandade norte-africana, as contribuições da África para o cristianismo

---

29. KATONGOLE, E. *The sacrifice of Africa.* Op. cit., p. 7-20, 42-50, 51ss.
30. Center for the Applied Research on the Apostolate, *Global Catholicism*, 26.

global dificilmente se basearam em estatísticas ou na preponderância demográfica. Contava mais a qualidade dos estudos, a profundidade do comprometimento religioso (houve mais santos e mártires africanos nos primeiros quinhentos anos do que nos últimos mil e quinhentos!), e um espírito pioneiro que engendrou novas formas de vida cristã e movimentos como o monasticismo. Os "genes" dessa tradição defunta mudaram dramaticamente, mas têm ainda aspectos que sobrevivem e florescem em linhagens do atual cristianismo africano. Claro, circunstâncias e contextos eram marcadamente diversos, mas se aplicarmos os critérios de profundidade e durabilidade de seu impacto teológico, compromisso cristão e testemunho inovador, tenho de concluir que algumas linhagens contemporâneas aparentam ser mais recessivas que progressivas. E, como deve estar evidente a essa altura, meu objetivo não é suspirar por sobre lendas gloriosas do passado cristão africano.

Muitas conclusões podem ser tiradas dessa narrativa condensada das promessas e dos mitos do cristianismo na África. A primeira, muito claramente, é que jamais se caracterizou por ser um fenômeno monolítico. Na aurora do cristianismo missionário, afirma Elizabeth Isichei, "houve muitas cristandades, tantas quantas eram as sociedades africanas que as recebiam[31]". O que era, então, verdadeiro, o é ainda mais hoje em dia: rápidas mutações das comunidades cristãs na África suplantam a taxonomia corrente.

A segunda: a narrativa do cristianismo não segue uma trajetória direta, linear. Existem lendas e mitos, guinadas e reviravoltas, episódios e eventos, surpresas e promessas, descobertas e becos sem saída, numa tal estupefaciente abundância que a

---

31. ISICHEI, E. *A history of Christianity in Africa.* Op. cit., p. 88.

famosa declaração de Plínio o Velho, *ex Africa semper aliquid novi!*[32], se justifica.

Por fim, o cristianismo na África não foi um acidente da História, mas a evolução de eventos mundiais convergentes, processos, e personalidades intrigantes ao longo de uma multiplicidade de localidades geográficas.

O que se vê hoje como uma religião florescente é o desabrochar de sementes lançadas na aurora do século cristão, cujas cepas mais resilientes e dominantes foram exportadas da Europa, a partir do século XVIII, e plantadas no solo das tradições religiosas africanas. Tudo o que viera antes se provou demasiado frágil ou vulnerável às fraquezas internas ou às ameaças externas de rivais ou competidores – dos quais o Islã foi o mais formidável. A importância desta religião para a consciência religiosa de muitos africanos será parte do tema central do próximo capítulo.

---

32. Em uma tradução livre: da África sempre vem novidades [N.T.].

3
Um mercado de fés

> *O mundo é dividido entre homens com*
> *inteligência e sem religião, e homens com*
> *religião e sem inteligência.*
> Avicena

O relato a seguir, do teólogo ugandense Emmanuel Katongole, que atualmente ensina na Universidade de Notre Dame, quando de sua visita à África ocidental, oferece um bom cenário para o tema central deste capítulo: afirmações, contestações e conflitos religiosos na África.

> Encontro-me sem poder dormir, enquanto meu quarto se parece com uma caixa de ressonância: na igreja acontece uma vigília noturna; no mercado próximo, uma discoteca; do lado oposto à igreja católica, na Assembleia de Deus, uma sessão de orações que durava a noite inteira. Às quatro da manhã juntou-se o muezim muçulmano com seu chamado à prece. O que me irritava particularmente, e me aborrecia profundamente, era o fato de cada umas dessas "congregações" não se satisfazer em simplesmente se dirigir à sua própria comunidade: seus alto-falantes estavam montados fora dos seus santuários, como se cada uma delas estivesse tentando falar mais alto que a outra. De fato, o que [...] a experiência confirmou era a realidade da África pós-colonial como um

mercado de ideologias [religiosas] concorrentes, cada uma delas buscando abafar a outra[33].

Para quem conhece a África, a experiência do professor é tão intensa quando banal no florescente mercado de ideologias religiosas do continente, cuja efervescência, já vimos, é celebrada por observadores, pesquisadores e analistas. Da mesma forma, como pontuei no capítulo anterior e continuarei a fazer repetidamente, um olhar acrítico sobre as dimensões numéricas desse crescimento periga esconder aspectos bem menos benévolos da *performance* religiosa. Meu objetivo principal neste capítulo é explorar algumas das dinâmicas das tradições religiosas da África, focando nas afirmações, nas contestações e nos conflitos, e deixando de lado, ao menos por agora, os temas mais calorosos da cooperação, da colaboração e da coexistência, cujos exemplos são, igualmente, numerosos.

Retomando um fato da história mencionado brevemente no capítulo 1, em 4 de outubro de 2009, na Basílica de São Pedro no Vaticano, o papa emérito Bento XVI, presidindo a Eucaristia pela abertura da Segunda Assembleia Especial para a África do Sínodo dos Bispos, resumiu, em um brilhante tributo, o regado religioso da África para o mundo: "um enorme 'pulmão' espiritual para uma humanidade que parece estar numa crise de fé e esperança". Logo em seguida, contudo, adicionou um porém: "mas este 'pulmão' pode adoecer também".

O papa identificou "ao menos duas patologias" que ameaçavam o bem-estar espiritual da África. A primeira, o Ocidente, que com sua espécie de "moléstia do espírito" aparentemente exportava seu "lixo tóxico espiritual" do "materialismo prático

---

33. KATONGOLE, E. The Church of the future: pressing moral issues from ecclesia in africa. In: OROBATOR, A.E. (org.). *The Church we want: African catholics look to Vatican III*. Maryknoll: Orbis Books, 2016, p. 168.

combinado com relativismo e pensamento niilista" e contaminava os povos de outros continentes, a África em particular. Uma segunda patologia identificada por Bento, por ele chamada de "vírus" capaz de atingir a África, era o fundamentalismo religioso, amalgamado a interesses econômicos e políticos. À ameaça apresentada por esse vírus, ele descreveu usando os seguintes termos: "grupos que seguem diversos credos religiosos estão se espalhando ao longo do Continente Africano; o fazem em nome de Deus, mas seguem uma lógica oposta à divina, ou seja, ensinam e praticam não o amor ou o respeito pela liberdade, mas sim a intolerância e a violência"[34].

Nomear causa divisões. Bento XVI foi cuidadoso em não citar nomes, embora tenha restado pouca dúvida a respeito da identidade dos mercadores da lógica violenta em nome da fé. Como outros lugares, a África é o lar de uma pletora de grupos ou movimentos que afirmam obter inspiração religiosa para formas variadas de terror, bandidagem, exploração e criminalidade, um vírus que já atingiu o continente.

Muito pode ser dito sobre origens históricas, caminhos específicos, evolução e transformação da tripla herança religiosa africana. O capítulo precedente explorou as origens e a evolução do cristianismo na África. Como parte desta presente narrativa das afirmações, das contestações e dos conflitos religiosos do continente na atualidade, gostaria de oferecer um esboço do desenvolvimento histórico do Islã na África, uma abordagem sucinta, não exaustiva, mas capaz de preparar o palco para o meu argumento de que a Cristandade e o Islã floresceram num terreno saturado de valores e princípios da Religião Africana. Em outras palavras, a pedra rotineiramente enjeita-

---

34. BENTO XVI. *Homilia na II Assembleia Especial para a África do Sínodo dos Bispos*. Op. cit.

da e amplamente condenada como animista pode ter uma influência mais significativa nessas crenças do que o que é oficialmente admitido.

3.1 Que há em um nome?

Estou em paz com o termo "Religião Africana", embora esteja convencido de que não consigo apreender o sentido mais profundo e o significado da imaginação religiosa africana na qual fui educado e que identifico como nosso modo de vida. Ainda que a Religião Africana seja, no geral, qualificada de indígena, autóctone, primal ou tradicional, historiadores, teólogos e antropólogos dividem-se sobre se devem considerar tal fenômeno como uma realidade singular ou plural. Além disso, sem a qualificação, o adjetivo mais comumente selecionado, "tradicional", traz em si a conotação óbvia de arcaica, antiquada, ultrapassada – tudo o que a Religião Africana não é.

Laurenti Magesa, autoridade considerável na matéria, argumenta (convicentemente, ao meu ver) que só existe uma única Religião Africana, manifesta em uma variedade de formas ao largo de múltiplas localidades culturais e geográficas, no continente e para além dele[35]. Sem refazer tal afirmação, uso o termo Religião Africana consistentemente nesse livro, pois ajuda minha narrativa e oferece uma linguagem comum para o propósito da conversação.

Mais adiante, Magesa argumenta (ao meu ver menos convicentemente) em favor de considerar a Religião Africana uma

---

35. MAGESA, L. *African Religion*: the moral traditions of abundant life. Maryknoll: Orbis Books, 1997, p. 14-18.

religião mundial[36]. Não obstante, o fato de que expressões vibrantes dessa religião estejam firmemente estabelecidas nas comunidades da diáspora africana dá sustentabilidade à afirmação de Magesa. Algumas das notáveis tradições religiosas que traçam sua origem à África Sub-Saariana incluem o candomblé no Brasil, a Santería em Cuba e o Vodu no Haiti.

Uma segunda consideração pertinente diz respeito à natureza da própria Religião Africana, e o modo como tem sido estudada. Como a literatura disponível indica, a Religião Africana dificilmente, se é que já foi um dia, é estudada a partir de dentro, ou seja, a partir dos seus fiéis e dos praticantes declarados, um caminho que, se seguido, poderia levar o leitor a questionar minhas próprias credenciais para conduzir a presente análise. A narrativa do capítulo 1 já deve ter respondido a contento tal questão, pois como já observei "Não importa quantas vezes um leopardo cruze um rio, ele nunca perderá as suas pintas".

Como apontei no capítulo 1, a Religião Africana não se autoidentifica como "religião", ou seja, como dotada de um sistema organizado de devoção e crenças baseado num certo número de características definidoras que cabem em uma categoria analítica ordenadamente definida. Ainda assim, é importante salientar que tal ausência, ao menos nos trabalhos e estudos acadêmicos iniciais sobre a religião na África, pode ser atribuída, ao menos em parte, à estratégia missionária de negar racionalidade, moralidade e consciência religiosa aos africanos, justificando, assim, sua tentativa de extirpar as formas de crença africanas e impor o cristianismo. Em minha opinião, não se trata de uma simples questão de nomenclatura, mas antes da natureza do objeto e das ferramentas adequadas à sua pesquisa.

---

36. Ibid., p. 18-28.

Ainda assim, alguns historiadores, expoentes da história da religião na África, identificaram um punhado de características pelas quais a Religião Africana se define, definições essas que complementam a descrição apresentada no capítulo introdutório, e que incluem:

- uma estrutura dualista de crença que reconhece a supremacia da Realidade Última do Ser, assistida uma por uma grei de assim chamadas divindades menores ou auxiliares – deuses, deusas ou agentes econômicos;

- uma cosmologia que estrutura níveis da existência em uma rede dos reinos material, visível, e espiritual, invisível, na qual os seres espirituais e os humanos interagem para beneficiar ou atrasar o bem-estar dos vivos;

- um espaço no qual ocorre uma série de práticas e rituais em que os seres humanos tentam aproveitar, canalizar ou neutralizar os poderes implícitos dos seres espirituais, como um meio de lidar com as diversas situações e condições da vida, do nascimento até a morte;

- uma estrutura ética que prioriza a vida e julga a ação humana na medida em que fortalece ou enfraquece a força vital;

- uma intensa preocupação com a saúde, o bem-estar e a integridade, que garante aos devotos uma multiplicidade de meios para fortificar-se e proteger-se de ameaças externas;

- o uso de símbolos e da arte para corporificar, retratar e transmitir valores e crenças.

Além dessas características, outro aspecto dos mais salientes dessa tradição religiosa é que, ao contrário do cristianismo e do Islã, não se baseia em um texto sagrado. Suas crenças e práticas, ritos e rituais são questão de práticas litúrgicas corporificadas em reencenações simbólicas, sujeitas a constantes interpretações, reconstrução e transformação. A Religião Africana não fala por meio de escritura canônica, doutrina oficial ou credo codificado, muito menos pelo dogma formalizado. Num esforço de analogia, seus "textos" são aqueles gestos ritualizados e sacralizados nos espaços de culto e na vida diária. Contudo, em que pese o fato de a Religião Africana não ser baseada em uma revelação histórica, tal e qual o cristianismo e o Islã, não é a-histórica: a reencenação simbólica de rituais culturalmente relevantes e a reconstituição de seu significado segue um ritmo cíclico baseado em experiências concretas, como nascimento, trabalho, comunidade, decadência, morte e retorno.

Em segundo lugar, diferentemente do Islã e do cristianismo, a Religião Africana rejeita o proselitismo, aspecto de fundamental relevância, haja vista que o objetivo de cristãos e muçulmanos foi desacreditar, reduzir e desalojá-la por meio de programas agressivos e evangélicos de conversão.

3.2 E o Islã?

O Islã apareceu na África vindo da Península Arábica, sete anos após a morte do Profeta Muhammad[37] em 632 d.C. Enfraquecida pelas disputas doutrinárias intestinas e pela intriga política, a Igreja Copta Ortodoxa Egípcia mostrou não ser um grande desafio para as forças árabes invasoras. Apesar de a história registrar este evento como uma "invasão militar" em um lugar como o Egito, o embate entre o Islã incipiente e uma bem-estabelecida tradição cristã foi mitigado, dentre outros fatores, pela aderência à garantia corânica de proteção aos chamados

---

37. Embora o nome Maomé seja de uso corrente, optamos nesta tradução pela grafia diretamente vinda do árabe, Muhammad, preferida pelos muçulmanos em contextos teológicos e históricos. [N.T.].

"povos do Livro", bem como pela interação construtiva entre pensadores e teólogos cristãos e islâmicos.

A prioridade dos invasores não parece ter sido a conversão, mas sim o estabelecimento de um regime político viável, objetivo esse que recorreu à expertise clerical dos cristãos locais, acomodando assim suas tradições religiosas e linguísticas. Com o passar do tempo, porém, esse benigno arranjo inicial de tolerância religiosa e coexistência degenerou em hostilidade e perseguição, ao ponto de reduzir os coptas, de sua posição dominante como maioria significativa, a uma minoria sitiada.

A posterior expansão ocidental do Islã atravessou a Líbia, a Argélia, a Tunísia, consolidando gradativamente sua dominância e reduzindo a presença e a influência do cristianismo na África do Norte. Tentativas heroicas subsequentes por parte de missionários cristãos, como Charles Lavigerie (fundador dos Padres Brancos), para reverter esse processo jamais chegaram ao resultado desejado. Enquanto isso, significativos desdobramentos históricos dentro e fora do Islã engendraram uma sofisticada tradição de estudos científicos e humanistas (concretizada nas obras de renomados acadêmicos como Alquindi (801-873), Avicena (980-1037) e Averroés (1126-1198), na proliferação de movimentos revivalistas e reformistas e na expansão do Islã em direção ao sul, ao longo das grandes rotas comerciais até a região do Sahel[38].

Para além dos negócios e do comércio, a trajetória da expansão histórica do Islã seguiu rotas políticas claramente discerníveis, incluindo, notavelmente, o fenômeno da *jihad*:

---

38. Vasta região semiárida do Norte da África com mais de 6.000 quilômetros de extensão, que forma uma região transicional ao sul do deserto do Saara e ao norte das savanas do Sudão, e do Oceano Atlântico, a oeste, até o Mar Vermelho, a leste [N.T.].

os movimentos jihadistas dos séculos XVIII e XIX na porção oeste da África combinaram um programa explícito de conquista territorial, expansão econômica e dominação política, motivado por um intenso fervor religioso. Como religião, o Islã foi a força motriz da derrubada das hegemonias políticas então existentes e do estabelecimento de vastos estados teocráticos, que compreendiam um rosário de poderosos califados ao longo do cinturão do Sahel.

Encabeçando essa *jihad*, estiveram líderes políticos e militares que também ocupavam posições de liderança religiosa, entre eles um dos mais célebres foi Shehu Usman Dan Fodio (1754-1817), também conhecido como "Líder dos Fiés". É interessante observar que, seja na África ou fora dela, a persona política, a vocação e a estratégia de muitos líderes muçulmanos atingiriam uma ressonância histórica ideológica semelhante à de Muhammad, o qual, conforme a brilhante observação de W. Montgomery Watt, era tanto um Profeta quanto um homem de Estado[39].

Quando comparado ao cristianismo, o Islã não apresentava aos africanos um complicado conjunto doutrinário, e seu processo de conversão era igualmente simples, estimulado pelo convite à integração imediata em uma comunidade religiosa e política universal, a *umma*, irmandade de interesses compartilhados e proteção mútua, definida não pela consanguinidade ou etnia, mas sim pela fé comum.

Embora o que aqui ofereço não seja um relato amplo, é importante salientar alguns aspectos da evolução histórica do Islã pertinentes à questão que ora consideramos. Primeiro, a exegese do termo *jihad* no Corão é tema de debate e discórdia, cujo

---

39. WATT, W.M. *Muhammad: Prophet and Statesman*. Oxford: Oxford University Press, 1961.

espectro varia do esforço moderado à extrema violência – infelizmente, é essa última conotação que se fixou na mente e na imaginação de muitas pessoas. Segundo, mesmo hoje muitos conflitos e desacertos internos ao Islã permanecem presentes; eles dizem respeito à legitimidade da sucessão política, à preservação da tradição e à ortodoxia doutrinária, notavelmente entre os muçulmanos xiitas e sunitas. Tais divisões são um fator chave para os conflitos inter e intrarreligiosos na África e em outras partes do mundo. Terceiro, influentes atores estatais dotados de ambições hegemônicas contribuem para as tensões intestinas ao Islã bem como entre muçulmanos e pessoas de outras fés na África, ao ponto que se parecem com guerras por procuração. Quarto, dentro do Islã, organizações transnacionais servem como pontos focais de unidade e cooperação intra e inter-religiosa, tais como a Conferência Islâmica Internacional, a Liga dos Estados Árabes e a Organização para Cooperação Islâmica.

Um resultado da matizada evolução das tradições religiosas da África foi uma profunda e "volátil fratura religiosa" que separa o predominantemente muçulmano norte da majoritariamente cristã África Subsaariana. Entre essas duas metades existe, como descrito pelo relatório Pew, "o grande ponto de encontro... uma faixa de mais de 6.000 quilômetros da Somália (a leste) ao Senegal (a oeste)"[40]. Movimentos e transformações ao longo dessa fratura religiosa explodem amiúde em violentas conflagrações sectárias de consequências devastadoras. Apesar disso, a julgar pelo relatório Pew, tanto o cristianismo quanto o Islã demonstram padrões favoráveis de crescimento demográfico e estatístico:

---

40. The Pew Forum on Religion and Public Life, *Tolerance and Tension: Islam and Christianity in Sub-Saharan Africa*. Disponível em: http://pewforum.org/2010/04/15/executive-summary-islam-ans-christianity-in-sub-saharan-africa/

Desde então [1900], contudo, o número de muçulmanos vivendo entre o deserto do Saara e o cabo da Boa Esperança aumentou mais de vinte vezes, de estimados 11 milhões em 1900 para aproximadamente 234 milhões em 2010 [...] Hoje, a África Subsaariana é lar de um em cada cinco cristãos no mundo (21%), e de mais de um em cada sete muçulmanos (15%)[41].

Esses dados estatísticos oferecem a lógica para a taxonomia básica das tradições religiosas na África, que identifica os três grupos principais: Religião Africana, cristianismo e Islã. Considerado criticamente, esse inventário se baseia numa premissa que considero, na melhor das hipóteses, problemática, e na pior, enganosa: quando atentamos fortemente à natureza dessas religiões, a primeira coisa que vem à vista é a relação assimétrica entre elas. O cristianismo e o Islã contam seus adeptos aos muitos milhões, fazendo com que os analistas desses números concluam, levianamente, que a Religião Africana está perdendo terreno para essas "religiões universais". Uma vez mais, a falácia da confiança nos dígitos obstrui qualquer análise acurada e obscurece uma percepção nítida da realidade da experiência religiosa.

Embora não haja dúvida a respeito do crescimento numérico da Cristandade e do Islã, devemos evitar a falácia que conclui pela perda de espaço da Religião Africana. Como já expliquei anteriormente, do modo como a vivenciei, da perspectiva de um devoto, a matéria e a prática da religião são inseparáveis do *modo de vida* da mesma maneira que um leopardo não pode apagar suas pintas mergulhando repetidamente em um rio.

---

41. The Pew Forum on Religion and Public Life, *Tolerance and Tension: Islam and Christianity in Sub-Saharan Africa*. Disponível em: http://pewforum.org/2010/04/15/executive-summary-islam-ans-christianity-in-sub-saharan-africa/

Em verdade, a Religião Africana é o solo, ou subestrutura, da consciência religiosa dos africanos, no qual as duas outras fés foram sobrepostas no curso do tempo, com variados graus de compatibilidade. A relação entre elas não é ditada por uma preponderância numérica qualquer, mas sim pelos fatores históricos e, também, pelo contexto global mais amplo. Os números de fiéis do Islã e do cristianismo podem estar desabrochando, mas suas flores crescem em um campo arado nas crenças e práticas da Religião Africana.

Elizabeth Isichei, historiadora da religião e especialista neste campo, declarou que "virtualmente todos os conversos ao cristianismo [e ao Islã] na África são oriundos das religiões 'tradicionais'"[42]. Seu uso do termo "oriundo" pressupõe uma transferência intencional de afiliação desde uma tradição religiosa claramente definida até outra. Infelizmente, a autora justapõe a Religião Africana, o cristianismo e o Islã, tratando a todos como paralelos, algo que considero problemático, embora seja um padrão metodológico no estudo das religiões na África. Retornarei a essa questão mais adiante.

3.3 Semeadores e ceifeiros do ódio

De diversas formas, em diferentes tempos e em lugares, a Cristandade e o Islã manifestaram variados graus de associação com, e um pendor para, estratégias imbuídas de violência na busca de seus objetivos específicos. Como sugeri anteriormente, em algumas partes da África, o advento do cristianismo foi quase sempre vinculado ao estabelecimento de sistemas políticos das potências ocidentais, algo que significou, para dizer o mínimo, disrupção.

---

42. ISICHEI, E. *The Religious Traditions of Africa: A History*. Connecticut: Praeger, 2004, p. 4.

No romance *O mundo se despedaça*, um dos mais conhecidos relatos africanos do encontro entre a Religião Africana e a Cristandade ocidental, Chinua Achebe pôs as seguintes palavras na boca de um dos seus personagens, Obierika:

> Mas tudo isso me deixou receoso. Todos nós temos ouvido histórias sobre homens brancos que fazem espingardas poderosas e bebidas fortes, e que levam escravos para longe, através dos mares; mas nunca nenhum de nós pensou que fossem histórias verdadeiras. Não há histórias que não sejam verdadeiras – disse Uchendu. – O mundo é infinito, e aquilo que é bom para certas pessoas pode ser abominável para outras[43].
>
> No entanto, gradualmente, ganhavam vulto os comentários de que o homem branco trouxera não apenas uma religião, mas também um governo. Dizia-se que os missionários tinham construído um lugar de julgamento em Umuófia, a fim de proteger os prosélitos de sua religião. Dizia-se até mesmo que tinham enforcado um homem que matara um dos missionários[44].

Este relato sombrio diz muito a respeito da história do cristianismo como um veículo para a intrusão, amiúde repressiva, nos espaços socioeconômicos, políticos culturais e religiosos da África, mas sua associação com graus variados de violência não é, contudo, simples questão de um passado histórico. Seus legados persistem nas *performances* patológicas de alguns pregadores cristãos da atualidade, os quais, é importante lembrar, não podem afirmar ser expoentes autênticos dos princípios e das práticas da religião.

---

43. ACHEBE, C. *O mundo se despedaça*. Op. cit., p. 133.
44. Ibid., p. 147.

Na África oriental, por exemplo, ainda está viva a lembrança do grupo milenarista Movimento do Espírito Santo (Holy Spirit Movement, HSM), liderado por Alice Lakwena, e de sua prole alucinada, o Exército de Resistência do Senhor (Lord's Resistance Army, LRA), comandado por Joseph Kony no norte de Uganda. Afirmando ter inspiração bíblica e revelação divina, ambos conseguiram mobilizar seus iludidos membros e levaram destruição a indivíduos e comunidades inocentes. O LRA matou, mutilou, sequestrou e estuprou milhares de homens, mulheres e crianças no norte de Uganda. Era uma gangue particularmente notória por seu terrível costume de recrutar crianças para seus pelotões de bandidos, e de levar meninas para explorá-las como escravas sexuais.

Embora Kony ainda não tenha sido capturado, felizmente as coisas mudaram. Naquele mesmo lugar onde o líder do LRA e sua gangue criminosa costumavam fazer churrascos com vacas que haviam roubado das comunidades locais, e na picada em que o grupo costumava montar seus ataques mortíferos, os jesuítas construíram uma escola, uma instituição apropriadamente chamada *Ocer* – termo da língua acholi local para "Cristo ressuscitou". Onde outrora morte e violência dizimavam vidas ugandenses, uma nova aurora se levanta à medida que as crianças aprendem a construir um futuro melhor. Erguendo-se das cinzas e dos destroços da violência imbricada à ideologia religiosa, os alunos da Ocer e outras escolas no norte de Uganda não se preparam mais para a guerra, mas sim para um futuro maior, melhor e mais promissor de esperança e promessa. Essa história demonstra a natureza bífida da religião, tanto como *performance* patológica quanto como prática transformativa, noções essas que serão mais bem elaboradas no próximo capítulo.

A história da violência religiosa relacionada ao cristianismo continua a se desdobrar: mais recentemente, na República Centro-Africana, um movimento miliciano, *Anti-Balaka*[45], reivindicou inspiração cristã para sua guerra mortal contra o movimento muçulmano *Séléka*. Não surpreende, portanto, que quando o Papa Bento XVI atacou os grupos que seguem a lógica da violência sob o pretexto de promover e avançar a causa divina, o dedo não apontou somente para o outro, mas também para si mesmo, pois tais grupos são tão presentes no cristianismo quanto no Islã.

No caso do Islã, dentre os movimentos contemporâneos que tomam a fé como inspiração para sua campanha de terror e violência, temos o grupo jihadista Boko Haran, da Nigéria e países vizinhos, conhecido por sequestrar meninas em escolas; al-Shabaab, na Somália; e afiliados à al-Qaeda e ao Estado Islâmico do Iraque e do Levante[46], dispersos ao longo do Sahel e partes do Norte da África. Dificilmente tratam-se de facções isoladas. Como eventos recentes demonstraram, eles constituem uma liga mortífera e transnacional de terroristas aliados, movidos pelo objetivo impiedoso e depravado de criar um califado, ou Estado, transfronteiriço, deixando atrás de si um imenso rastro de violações aos direitos humanos, crimes contra a humanidade e o patrimônio cultural.

Grupos extremistas e milícias, que encontramos hoje na Somália, no Chade, na Líbia, na Tunísia, no Egito, no Mali, no Níger, no Quênia e na Nigéria, por exemplo, apresentam con-

---

45. Uma aliança de milícias, cujo nome significa "antimachete" nas línguas sango e mandja locais [N.T.].

46. Grupo terrorista militante que comandou um proto-Estado no Oriente Médio, conhecido pelas siglas EI (Estado Islâmico), EIIL (Estado Islâmico do Iraque e do Levante), ISIS (do inglês *Islamic State of Iraq and Syria*), ou ainda Daesh (do árabe *ad-Dawlat al- 'Irāq wa sh-Shām*) [N.T.].

flitantes reivindicações à legitimidade. Eles são os progenitores políticos de movimentos históricos degenerados que buscam criar regimes políticos totalitários por toda África, usando a violência para subjugar os rivais, suprimir a resistência e impor um duríssimo código penal às populações locais. Em alguns casos, nos quais leis sancionadas pela religião foram impostas, consideraram-se punições aceitáveis para infrações o açoite público, apedrejamento e a amputação de membros.

Quer cristãos, quer muçulmanos, esses grupos aplicam meios variados para propagar ideologias extremistas e infligir terríveis violências a indivíduos e comunidades inocentes. Como alguns exemplos denotam, o espectro de motivações varia da vingança ao banditismo, da luta pelo poder à glorificação sádica da crueldade, e do interesse econômico à conquista territorial. E ainda assim seria simplista tomar as reivindicações religiosas desses grupos somente pelo que afirmam ser; por mais que sua trajetória violenta possa ser elaboradamente paramentada com o aparato e a retórica da religião, o fenômeno é bem mais complexo. Acredito que esses grupos não sejam representativos do patrimônio espiritual ou do legado de suas fés, pois, a julgar pelos seus atos, é fácil ver o que subjaz sua ideologia religiosa e sua retórica sectária: suas agendas são criminosas e destrutivas, especialmente quando alvejam vidas inocentes e propriedades.

O ponto-chave: o abuso das sensibilidades religiosas não ocorre no vácuo. Quando olhamos para os focos desse incêndio na África, surgem evidências de problemas subjacentes e causas profundas, todas com significativas ramificações políticas, e mesmo antes que as bolhas de violência viessem à superfície e se tornassem um grande desafio transnacional, existiram e continuam a existir severas disfuncionalidades políticas, originadas do colapso econômico e social. Não é difícil encontrar as manifestações dessas disfuncionalidades, que incluem a má gestão dos enormes recursos minerais e naturais, a cleptocracia, a autoperpetuação de regimes e dinastias políticas e a corrupção sistêmica que constantemente situam a maioria dos países africanos na rabeira do Índice de Percepção da Corrupção da Transparência Internacional.

Tomemos, por exemplo, o Sudão do Sul, recém-independente e um dos países mais férteis do globo, favorecido por nove meses de chuva abundante. Desde 2013 uma terrível guerra civil entre um governo autocrático e grupos vândalos de rebeldes e milicianos (cada um dos quais liderado oportunista egocêntrico) transformou o país em uma nação de refugiados famintos e populações deslocadas internamente. Os elementos políticos dessa disfuncionalidade política criaram uma tempestade perfeita para toda sorte de males, incluindo a violência sectária, e não é de se espantar que extremistas aproveitem tais situações para tornar atraente sua causa para milhões de jovens empobrecidos, desiludidos e desempregados.

Aparentemente, portanto, o que está em jogo em muitos conflitos na África não é necessariamente a fé ou a crença religiosa, mas um instinto para a sobrevivência e a revolta no contexto de condições políticas e socioeconômicas brutais, que explora progressivamente as reservas de ressentimentos locais e se alimenta da pobreza desumanizante e das limitadas oportunidades socioeconômicas, deixando em seu rastro os cadáveres da violência sectária e intolerância religiosa.

3.4 Religião e política

Além das flagrantes manifestações de violência sectária, os sinais, explícitos e implícitos, de queixas, contestações e conflitos são abundantes no reino da política. Nem o cristianismo nem o Islã tiveram intenção ou sucesso na integração do princípio da separação entre religião e política: por toda a África, a política permanece um dos campos mais férteis para que as reivindicações concorrentes à supremacia das duas religiões dominantes do continente sejam postas. Em poucas palavras, a religião constitui um significante fator na política africana.

O exemplo da Nigéria revela algumas das interessantes dimensões do relacionamento fraturado entre religião e política na África. Por um lado, a tensão entre cristianismo e Islã é trazida para a arena política, e as comunidades de ambas as fés se engajam vigorosamente nos debates sempre que cada um dos lados se sente ameaçado pela ascendência ou pela dominância, real ou apenas presumida, do outro. Eventualmente, essa tensão irrompe em violência aberta entre os fiéis de ambas as religiões, e como nos casos dos grupos terroristas que se disfarçam de guardiães da ortodoxia religiosa, a questão latente aqui é a luta pelo poder, pré-requisito para o acesso garantido a imensos recursos econômicos. Para prevenir esse tipo de situação, um país como a Tanzânia adotou um sistema não oficial de presidência rotativa, segundo a qual o cargo mais alto da nação é ocupado, alternadamente, ora por um cristão, ora por um muçulmano.

O ponto a que quero chegar é que, em muitas partes da África, a política permanece um solo fértil para que reivindicações concorrentes se apresentem, traçando zonas de influência e buscando cargos oficiais para representantes e afiliados do cristianismo e do Islã, e sob tais circunstâncias, todo e qualquer sinal de reaproximação inter-religiosa é recebido com mútua desconfiança. Consideremos, como exemplo, o padrão dos eventos políticos mais destacados, as eleições: candidatos são useiros da arte de cortejar líderes religiosos para conseguir votos, e, frequentemente, estas lideranças tornam-se parceiras voluntárias porque também procuram as boas graças dos políticos. Durante as reformas constitucionais de 2010 no Quênia, líderes muçulmanos alinharam-se a candidatos que favoreciam publicamente o estabelecimento de tribunais Kadhi[47] para lidar com questões de família, herança, matrimônio e divórcio entre litigantes muçulmanos. Como seria de se esperar, as lideranças cristãs se juntaram à causa daqueles que se opunham à inclusão e à validação de um sistema legal islâmico na constituição proposta. A política, e não apenas a ideologia ou as crenças, é uma fonte de divisão e tensionamento inter-religiosos.

Por todo o norte africano, a maioria dos sistemas políticos segue os princípios do Islã. E ainda assim, seja no Egito, na Argélia, no Marrocos, na Tunísia ou na Líbia, ocorrem reivindicações conflitantes e tonalidades diversas de interpretação sobre o relacionamento existente entre a política e a religião e sobre a legitimidade dos regimes políticos como materializações das tradições e práticas islâmicas. No Chifre da África, a óbvia incursão da religião na política, em um país como a Somália, é bem conhecida nos estudos da história da política africana. Para além das rivalidades clânicas, a religião permanece sendo um fator-chave no fracasso dos somalis em organizar-se e realizar seu potencial como um Estado viável e moderno. Lá, como no Sudão, na Nigéria, na Argélia ou no Egito, as agendas políticas não são dissimuladas: para muitos devotos desses países, a apropriação e o controle direto do *establishment* político são considerados um dever religioso exigido de cada fiel muçulmano.

---

47. Do árabe *qadí*, origem do termo português *cádi*. Estes tribunais julgam exclusivamente questões relativas ao direito de família (herança, sucessão) entre muçulmanos [N.T.].

3.5 Sob a superfície

À parte as reivindicações conflitantes entre o cristianismo e o Islã na África, um outro tipo de conflito também fustiga o panorama religioso continental – algo que percebo como uma batalha no íntimo da alma africana. No intuito de estabelecer um contexto para examinar esse fenômeno, proponho duas hipóteses. A primeira investiga a natureza da conversão religiosa que levantei há pouco, enquanto a segunda foca no consequente conflito de heranças religiosas e como se desenvolve na consciência do africano.

Como já observei, a divisão tripartite da herança religiosa africana é considerada um axioma dos estudos religiosos. Eu, contudo, discordo frontalmente dessa suposição subentendida de uma taxonomia tripartida ao argumentar que a Religião Africana não é mais uma das tradições, mas sim o *alicerce* sobre o qual o Islã e a Cristandade estão plantados. Ou por outra, afirmo que aquilo que os estudos religiosos designam como Religião Africana reconhece a si mesma, primordialmente, como um modo de vida profundamente entranhado na consciência do povo, ao invés de uma religião no mesmo sentido organizado e reificado pelos quais o Islã e o cristianismo são compreendidos e estudados. Demonstro que a chamada Religião Africana não existe em paralelo às outras duas, como sua correspondente ou competidora, pois a África não experimenta uma relação simétrica entre três diferentes crenças. Antes pelo contrário, desempenha uma função central em definir a *possibilidade* da existência do cristianismo e do Islã no interior do mesmo domínio epistemológico ou consciência religiosa. É, em outras palavras, a âncora profunda que assegura a fundação tanto do cristianismo quanto do Islã na alma africana, a tal ponto que tanto um quanto o outro, ao conservarem com êxito suas amarrações vitais nessa fundação ou universo de sentido, preservaram sua relevância para os africanos.

Um ponto que tem, constantemente, eludido e frustrado teólogos e cientistas sociais é a percepção de que foi pela virtude de sua conexão vital com o universo de sentido definido pela Religião Africana que o cristianismo e o Islã conseguiram funcionar dentro da arquitetura religiosa africana: quando visualizamos a Religião Africana como um alicerce rochoso, tanto o cristianismo quanto o Islã são como campanários ou minaretes construídos sobre esta fundação. À luz desse prisma, faz pouco sentido alardear a força numérica de muçulmanos e cristãos como evidência do declínio ou decadência da Religião Africana.

Temos, então, o seguinte: a Religião Africana não parece funcionar lado a lado com o cristianismo e o Islã, como correntemente se presume; antes, ela opera sob a camada de reivindicações concorrentes e contestações de ambas as duas, o que explica, em parte, sua resiliência em face dos séculos a fio de continuado assalto frontal da Cristandade e do Islã. Lançando mão de uma diferente imagética, poderia comparar sua natureza àquela de um vulcão adormecido, cujo substrato religioso irrompe repetidamente nas consciências e crenças das religiões importadas, mas não de maneira violenta. Desta feita, a lava da Religião Africana corre profunda e molda as identidades tanto dos cristãos quanto dos muçulmanos.

O Papa Paulo VI aproximou-se do endosso formal dessa noção em sua mensagem à Igreja na África (citada no capítulo 1) quando declarou: "o africano que se torna cristão não renega a si mesmo, mas toma posse dos antigos valores da tradição 'em espírito e em verdade'". Baseando-me em minhas próprias experiências, reafirmo que é essa a maneira como funciona a Religião Africana mais abaixo da superfície de reivindicações, contestações e conflitos altamente visíveis das duas fés organizadas e sistematizadas, quais sejam, o cristianismo e o Islã.

Daí advém uma implicação óbvia: sendo a Religião Africana o alicerce, ou substrato, como estou convencido que é, até que ponto a conversão religiosa pode ser entendida como "vir para" ou "afastar-se de", como a entende Isichei? Não implicaria, em verdade, numa recombinação do baralho religioso para acomodar diferenças e aliviar tensões? Além disso, reiterando uma posição que já defendi previamente, a Religião Africana não é missionária; sua manifestação objetiva não inclui o proselitismo, e graças a esta singular virtude, em termos de analogia, é "ecumenicamente" receptiva e "doutrinariamente" inclusiva.

Muitos argumentos podem ser apresentados para demonstrar a validade dessa hipótese, o mais óbvio deles pode ser qualquer uma das evidências anedóticas e empíricas de apego às crenças e práticas da Religião Africana por parte de cristãos e muçulmanos *convertidos*. Como foi observado pelo estudo conduzido no estudo do Pew Forum, "as crenças e práticas tradicionais da Religião Africana são comuns nos países predominantemente muçulmanos, naqueles em que há uma repartição mais ou menos equânime entre cristãos e muçulmanos, e nos países predominantemente cristãos [...] Não existe um padrão claro sobre os níveis de engajamento de cristãos de muçulmanos com as práticas tradicionais africanas"[48]. "Engajamento", o termo inócuo usado nesse estudo, denota uma tensão real nas vidas de cristãos e muçulmanos africanos. Frequentemente, por causa de sua falta de compreensão, alguns teólogos caricaturizaram esta tensão, variada e pejorativamente, como "esquizo-

---

48. https://www.pewresearch.org/religion/2019/07/15/a-closer-look-at-how--religious-restrictions-have-risen-around-the-world/. Acesso: 21 out. 2022.

frenia da fé" ou "ambiguidade religiosa", dentre outros rótulos lisonjeiros igualmente empregados.

Apesar dos séculos de conversão, pessoas que professam a fé no cristianismo ou no Islã participam rotineiramente de práticas associadas com a Religião Africana, tais como consultar um vidente e/ou curandeiro em tempos de crise, participar de rituais de adoração ou carregar/usar objetos ou elementos imbuídos de eficácia religiosa com fins protetivos. Se minha hipótese se mostrar verdadeira, temos aqui uma situação proverbial em que é possível tirar o africano da Religião Africana, mas é impossível tirar a Religião Africana do africano. Em sua explicação das conversões na África, Robin Horton errou ao sugerir que, removida de seu contexto microcósmico, a "assim-chamada Religião Tradicional Africana tinha pouca, ou nenhuma, utilidade"[49]. Pelo contrário, é especialmente nos momentos de transição, liminaridade e crise ocasionadas pela integração ao contexto macrocósmico que muitos africanos buscam consolo e suporte nos recessos profundos da sua religião ancestral.

Tanto o cristianismo quanto o Islã foram rápidos em registrar sua frustração perante a debilidade da filiação religiosa, particularmente em tempos de crise. Tal sentimento seria mitigado pela compreensão de que sob circunstâncias adversas, a "conversão" é uma questão a ser tratada com circunspecção hermenêutica. Eis, então, mais uma razão porque sou cauteloso com o excessivo fascínio com as estatísticas da filiação e conversão religiosas. Definir a conversão em termos exclusivamente numéricos oferece uma base débil para afirmar a ideia

---

49. HORTON, R. African conversion. *Africa*, 41, 1971, p. 85-108. • HORTON, R. On the rationality of conversion I. *Africa*, 45, 1975, p. 219-235. • HORTON, R. On the rationality of conversion II. *Africa*, 45, 1975, p. 373-399.

de Bento XVI sobre a significância espiritual da religiosidade africana para o restante da humanidade.

3.6 O lado sombrio da luz

Para retornar à questão das reivindicações concorrentes, quaisquer narrativas luminosas sobre o crescimento ou a vitalidade das religiões no continente encerram também um lado sombrio. Tendo por base eventos passados e presentes, e sem desconsiderar as contribuições significativas da Cristandade e do Islã, por exemplo, à saúde e à educação, à caridade e à assistência humanitária emergencial, já não é mais plausível defender que a religião na África sempre foi uma força para o bem.

Wole Soyinka, poeta ganhador do Prêmio Nobel, indiciou repetidas vezes o cristianismo e o Islã como "culpados não apenas das atrocidades físicas em solo africano, incluindo a escravização dos indígenas, mas também pelo assalto sistemático à espiritualidade africana no curso de sua disputa pela hegemonia religiosa"[50].

Tão recentemente quanto o sequestro de 276 garotas numa escola da cidade de Chibok, na Nigéria, pelo Boko Haram (2014); o assassinato brutal de 148 estudantes, professores e funcionários no Garissa University College, no Quênia, pelo Al-Shabaab (2015); e o cerco sangrento a um hotel em Uagadugu, Burkina Faso, pela al-Qaeda do Magreb islâmico (2016, 2017), mais e mais eventos apontam para a escalada da religiosidade belicosa e a proliferação de cisões sectárias em partes do continente. Com intensidade assustadora, estas divisões liber-

---

50. SOYINKA, W. *Of Africa*. Connecticut: Yale University Press, 2012, p. xi.

taram mortíferas paixões religiosas e tribais em diversas partes da África, transformando-as em um "campo de guerra"[51].

Contudo, há que se repetir que seja no Quênia, nos Camarões, no Sudão, na Tanzânia, no Egito, na Somália, no Mali, em Burkina Faso, na Tunísia, na Nigéria ou no Zanzibar, estas tendências ferinas, que brutalizam a humanidade inocente, não se qualificam como religião, não importando quão estridentemente os campeões do separatismo religioso e do irredentismo teológico declarem a justeza de sua causa, recrutem e incitem os outros à guerra, e mergulhem seus mastros mais e mais fundo na alma dos africanos. Soyinka está certo: existe religião e existe fanatismo[52]. Não se deve fundi-los ou confundi-los. O que testemunhamos na África, com crescente preocupação, é a intolerância religiosa e o fanatismo inconsequente daqueles a que Soyinka chama de "manipuladores tarimbados dos sentimentos irracionais da fé"[53], partícipes da "orgia de homicídio pietista"[54]. Esses grupos afiam, diuturnamente, as lâminas cegas da destruição em massa nos pés de barro de ídolos travestidos de divindades supremas, e não surpreende que quando estas "deidades são cooptadas a emprestar autoridade a sentimentos e tendências humanos, a humanidade se torne descartável para usurpadores da autoridade divina e custódios de meros dogmas"[55].

Esta descrição da violência religiosa na África, entretanto, estaria distorcida se focasse somente em fanáticos agitando metralhadoras kalashnikov no ar e vestindo coletes-bomba como

---

51. Ibid., p. 129.
52. Ibid.
53. Ibid., p. 141.
54. Ibid., p. 197.
55. Ibid., p. 198.

perpetradores únicos da intolerância sectária. Como descreveu Rowan Williams, arcebispo emérito de Canterbury, um extremista é "simplesmente alguém que se fixou num único momento da tradição vivida, e o congelou"[56]. Como sugeri no capítulo anterior, existe uma outra forma de extremismo e fundamentalismo, orquestrada por aqueles que, no continente, operam um tipo de economia religiosa que investe na credulidade e na desilusão de africanos desesperados. Com sofisticação empresarial e esperteza, pregadores-celebridades e seus exércitos de clones evangélicos desenvolveram um ramo do cristianismo que espiritualiza os desafios reais e mortíferos enfrentados pela África. O perigo é que essa tendência trivialize a religião e a torne em um instrumento para a busca de interesses próprios e conquistas pessoais. Armados de convicção evangélica, os agentes desse fenômeno religioso despem adversidades econômicas, sociais e políticas concretas de qualquer substância real, ao mesmo tempo em que atribuem suas causas a fracassos individuais ou maldições ancestrais, apresentando soluções duvidosas como panaceia para todos os males do continente. Na exegese dissimulada desse sofisticado diagnóstico espiritual, o preço da libertação, da cura ou da salvação é uma dose de fé amplamente revestida de oferendas monetárias generosas aos traficantes da prosperidade gospel[57].

Se Bento XVI estava certo ao descrever a África como o pulmão da humanidade, o fanatismo religioso e a intolerância evangélica convergem, atualmente, para sufocá-lo. Felizmente, e faço questão de dizê-lo, não é este o fim da história sobre a

---

56. WILLIAMS, R. *Faith in the public square*. Londres: Bloomsbury, 2012, p. 83.

57. ALLEN, J.L.Jr. *The future Church*: how ten trends are revolutionizing the Catholic Church. Nova York: Doubleday, 2009, p. 438; GIFFORD, P. *African Christianity*: its Public Role. Indiana: Indiana University Press, 1998, p. 39-401.

função da religião na África. Como diz um provérbio, quando uma criança é castigada pelo seu pai, busca refúgio na cabana de sua mãe. A tensão e o abuso orquestrados por elementos internos ao cristianismo e ao Islã nos permitem explorar outras opções no sentido de uma compreensão mais significativa e prática da religião – ou por outra, a experiência das reivindicações, contestações e conflitos religiosos nos oferece um ímpeto para descobrir e considerar seriamente a Religião Africana como fonte de revivificação, mesmo que tenha sido constantemente desprezada e combatida por cristãos e muçulmanos.

3.7 O espírito da Religião Africana

Como a vivenciei, a Religião Africana se apresenta como um bastião crucial, ainda que mal-entendido e vilipendiado, contra investidas extremistas de dissolver a essência e o valor religiosos em uma orgia de ideologia sectária e hipocrisia. Libertado do jogo de soma zero da destruição mutuamente assegurada característica das duas religiões dominantes da África em determinados lugares, o espírito da Religião Africana é um repositório vital de humanidade, capaz de sustentar a crença no futuro da religião no continente e de educar o seu povo na arte da coexistência com dignidade. Não fosse esse o caso, por que os africanos recorreriam, corriqueiramente, a agentes de seu modo de vida ancestral, constantemente fustigados como feiticeiros, em busca de orientação e conforto?

Um termo-síntese da conceptualização do cerne da Religião Africana é a noção de *ubuntu*, termo banto da África do Sul popularizado pelo arcebispo anglicano Desmond Tutu. Em tradução livre, trata-se de uma ideia simples, que prioriza a inclusão à exclusão, a comunidade à competição, a hospitalidade à hostilidade, o diálogo à confrontação e o respeito à dominação: "*Ubuntu* significa que não podemos dar as costas àqueles que genuinamente desejam participar de nossa comunidade [...] nesse sentido, situa o diálogo no centro do que significa ser inteiramente humano. Envolve um futuro que busca elevar-se sobre a alienação e a exclusão"[58]. Curiosamente, em suas essências, tanto o cristianismo quanto o Islã postulam este ideal de comunidade inclusiva e igualitária; na prática, contudo, como demonstrei, tais postulações são crescentemente debilitadas pelas tendências sectárias.

Sem pretender canonizar esta tradição religiosa, talvez o presente que a Religião Africana tem a dar ao mundo esteja nos subterrâneos mais profundos dos valores humanistas, vivos e ativos no espírito dos cristãos e dos muçulmanos africanos, e não na *húbris*[59] do sectarismo e do extremismo. Despida das pretensões ao poder e das estratégias de proselitismo, a consciência espiritual africana está "peculiarmente preocupada com a aspiração a ser humano em uma particular forma e, portanto, com um viver satisfatório e uma vida responsável, ambos singulares e em comum, reflexiva e ativamente"[60]. Se a essa prática, a essa aspiração, chamavam, e continuam a chamar, grosseiramente de animismo, então não me arrependo de reclamá-la como minha herança e tradição.

Sendo assim, a afirmação de Bento XVI se justifica, pois a espiritualidade autêntica desse continente é, de fato, um imenso repositório de recursos para a renovação da humanidade. O

---

58. SETILOANE, G.; VILLA-VINCENCIO, C. *Walk with us and Listen: political reconciliation in Africa.* Washington: Georgetown University Press, 2009, P. 113. • MAYSON, C. *Why Africa matters.* Maryknoll: Orbis Books, 2010, p. 31-33.

59. Desmedida, exagero, descomedimento [N.T.].

60. JENKINS, T. *Religion in English everyday life:* an ethnographic approach. Nova York: Berghahan, 1999, p. 14.

mundo e a África se encontram desesperadamente necessitados de um compromisso para salvaguardar o espírito de tolerância e inclusão que caracteriza a Religião Africana como um patrimônio da humanidade, e como Soyinka argumentou: "se a África sucumbir à sanha [religiosa] fanática, então a insegurança do mundo deve ser aceita como seu futuro e condição permanente. Não há outras opções"[61].

Para reforçar esse ponto fundamental, ainda que historiadores e estudiosos da religião normalmente filtrem a identidade religiosa contemporânea do continente por meio da herança tripla da Religião Africana tradicional, do cristianismo e do Islã, esse ordenamento não acomoda a primeira das três, pois ela é, em verdade, o *solo* ou o *alicerce* no qual as duas outras estacam suas reivindicações à alma africana, fato evidenciado em diversas partes do continente quando as pessoas sentem-se à vontade para misturar e combinar elementos dessas tradições religiosas, algo que eu mesmo testemunhei nas orações matinais de meu pai. Aquilo que outros escarneceram como sincretismo, eu escolho interpretar como uma saudável forma de coexistência religiosa e tolerância, um patrimônio, portanto, numa era de fundamentalismo violento, destrutivo, sectarismo e extremismo.

Apesar dessa interpretação positiva, não é possível prescindir da realidade das múltiplas camadas de tensão entre essas tradições religiosas na África, cujos exemplos e sinais não são difíceis de encontrar na crise constante vivida em diversos países africanos. Elas apresentam um verdadeiro desafio ao trabalho do diálogo inter-religioso e ao ecumenismo, na África e fora dela. E ainda assim o espírito de hospitalidade e tolerância imbuído na espiritualidade africana, com seu caráter único,

---

61. SOYINKA, W. *Of Africa*. Op. cit., p 130.

pode vir a ser um recurso para as tradições religiosas globais em sua busca pelo diálogo, tolerância e mutualidade como modos de coexistência, criando um contexto de pluralismo religioso e diversidade.

Permitam-me finalizar este capítulo como o comecei, como uma oportuna pequena história, que também faz as vezes de antídoto. Em dezembro de 2015, um grupo de militantes do al-Shabaab atacou um ônibus lotado na região de Mandera, nordeste do Quênia, e conforme seus macabros rituais, procederam à separação de cristãos e muçulmanos, para matar os primeiros e poupar os segundos. Um professor muçulmano, Salah Farah, se recusou a obedecer às ordens de segregação com base na filiação religiosa, e, por sua recusa, os atacantes atiraram nele e o feriram seriamente. Lutando pela vida numa cama de hospital em Nairóbi, Farah recontou o ocorrido e explicou a razão de seu ato:

> Eles nos disseram: se fôssemos muçulmanos estaríamos a salvo [...] Pedimos que nos matassem a todos ou nos deixassem em paz [...] Somos irmãos. As pessoas deveriam viver juntas e em paz [...] A única diferença é a religião, então peço aos meus irmãos muçulmanos que cuidem dos cristãos, para que os cristãos também tomem conta de nós [...] nos deixem ajudar uns aos outros e viver juntos em paz"[62].

Na segunda-feira, 18 de janeiro de 2016, Farah morreu durante a cirurgia para tratar seus ferimentos à bala. Sua vida é um antídoto potente contra as letais reivindicações, contestações e conflitos religiosos, na África e no mundo.

---

62. http://www.bbc.com.uk,news/world-africa-35352763

4
Performance patológica e prática profética

> *Em um continente repleto de más notícias, como está a mensagem cristã da Boa-nova para o nosso povo? Em meio a um desespero onde tudo prevalece, onde está a esperança e o otimismo trazidos pelos Evangelhos?*
>
> Cardeal Hyacinthe Thiandoum

Em 17 de março de 2000, quinhentos homens, mulheres e crianças pereceram em um gigantesco inferno na vila rural de Kanungu, sudoeste de Uganda. As vítimas eram membros de um grupo religioso cristão conhecido como Movimento pela Restauração dos Dez Mandamentos de Deus. A investigação levou à descoberta de mais valas comuns vinculadas ao massacre na capital, Kampala, e arredores, elevando o número de mortos para quase mil. Embora não confirmado, o massacre de Kanungu superou a quantidade de baixas da tragédia de Jonestown (Guiana) em 1978, tornando-se a mais mortífera chacina orquestrada por uma seita cristã. Desnecessário dizer que os líderes do movimento reivindicavam inspiração divina para seu particular estilo de crenças e comportamento cristãos[63].

---

63. "The Kanungu Massacre: The Movement for the Restoration of the Tem Commandments of God Indicted" (The Uganda Human Rights Commission

Em 16 de abril de 2015, a polícia e as forças de defesa mataram grande número de membros de uma seita cristã chamada Igreja dos Adventistas do Sétimo Dia, "A Luz do Mundo" nas terras altas de Huambo, Angola, para vingar a morte de oito policiais, supostamente assassinados por membros da seita. Muitos policiais foram feridos ao tentar prender o líder da seita, José Kalupeteka, durante o culto. A seita é uma derivação da Igreja Adventista do Sétimo Dia. Mais de 3000 seguidores, de diversas partes do país, haviam acampado no Monte Sumi, na província de Huambo, para o encontro da seita. Kalupeteka pregava que o mundo iria acabar em dezembro de 2015, e instava os seguidores a abandonar todas as suas posses e viver em reclusão, enquanto aguardavam o fim do mundo[64].

Histórias macabras como essas sublinham a propensão de certos ramos da religiosidade a degenerar-se em situações patológicas extremas. Embora nem todas as patologias das *performances* religiosas manifestem consequências tão devastadoras quanto as de Kanungu e do Monte Sumi, permanece o fato de que certa perversão do cristianismo na África faz parte da narrativa da expansão religiosa e do seu crescimento continental.

Manifestações crescentemente sensacionais das crenças e práticas cristãs podem, na melhor das hipóteses, caricaturar as autênticas tendências da fé e, na pior, perverter seus valores mais caros. Um bom número de plataformas e canais de mídia está saturado de novidades implausíveis do exibicionismo

---

Periodic Report, 2002). Disponível em: http://www.ais-info.org/doc/informes/2002%20The%20Uganda%20Massacre.pdf

64. Angola police raid Kalupeteka sect in Huambo. *BBC News*. Disponível em: http://www.bbc.com/news/world-africa-32412212. Acesso: 21 out. 2022.

evangélico – como o pastor que se comunica diretamente com Deus por um telefone celular; um suposto médium espírita e curandeiro que faz manar diesel de uma rocha (à *la* Moisés no deserto); um autodesignado profeta que cura doenças com inseticida; ou um pastor que exorta sua congregação a consumir serpentes vivas. A lista de pretextos bizarros supostamente ancorados em crenças cristãs na África é tão longa quanto rarefeitos são seus fundamentos, mas nesse particular não se trata de uma exceção, pois *performances* religiosas patológicas existem no mundo inteiro.

Nos capítulos precedentes, defendi que a expansão religiosa não é, simplesmente, função de considerações estatísticas ou numéricas. Qualquer abordagem crítica da prática, dos resultados e do impacto do crescimento religioso, onde quer que seja, precisa levar em conta um grupo de fatores mais amplo. Lida tão-somente em termos estatísticos, a expansão da religião tanto na África quanto fora dela, periga ocultar sua dimensão patológica de modo que desejo olhar mais próxima e criticamente para práticas, resultados e impacto da Cristandade na África, descrevendo alguns dos usos e abusos da religião – neste caso, o cristianismo.

Três pontos são particularmente relevantes para situar e enquadrar as suposições que subjazem meu intento. Primeiro, minha escolha pelos termos "patologia" e "abuso" é intencional. Claro, eles podem parecer rótulos demasiadamente duros para examinar o funcionamento do cristianismo na África, mas a Religião Africana tem sido rotulada com vocábulos ainda mais severos. Essa terminologia traduz, em parte, a minha intenção de criticar a direção e a orientação da filiação e da fidelidade religiosas na África de hoje. Como mencionei anteriormente, nada há de definitivo ou absoluto sobre minha abordagem – ela é uma perspectiva bastante pessoal, e críticas futuras que sirvam, na medida do possível, para construir uma narrativa abrangente e acurada sobre o significado e funcionamento da fé e da religião, como são usados e abusados na África, serão bem-vindas.

Segundo, a minha crítica é grandemente influenciada pela minha dupla herança: como já deve estar claro a essa altura, embora eu tenha me convertido ao catolicismo, permaneço buscando significativa inspiração do meu passado na Religião Africana, uma dúplice identidade religiosa que explica certos vieses de minha narrativa. Esforcei-me, contudo, para garantir que não diminuíssem a pertinência de minha tentativa de entender os pormenores e complexidades da fidelidade e da filiação religiosas na África.

Mais de quarenta anos atrás, Robin Horton, antropólogo social e filósofo inglês, a quem introduzi brevemente nos capítulos 2 e 3, afirmou que uma cosmologia típica das tradições religiosas como a Religião Africana compreende "um sistema de ideias sobre seres pessoais inobserváveis cujas atividades supostamente sustentam os eventos do mundo ordinário, cotidiano [...][65]. Mais ainda, conforme afirmou Horton, tal cosmologia perfaz uma tripla função: "provém um impressionante instrumento para explicação, predição e controle"[66], de modo que tal sistema, ou cosmologia, que compreende uma hoste de entidades e forças espirituais em busca de domesticar ou neutralizar seus equivalentes malévolos e aproveitar a energia positiva dos benevolentes, é altamente funcional, utilitário e, inevitavelmente, sujeito à manipulação e à exploração.

---

65. CARMODY, B. *African conversion*. Ndola: Mission Press, 2001, p. 19.
66. Ibid.

Paul Gifford, que concorda com a posição de Horton, batizou esse sistema de "imaginação religiosa encantada"[67], afirmando-o pervasivo e persistente na religiosidade africana de procedência cristã. Como expliquei no capítulo anterior, essa imaginação religiosa permanece a informar e a moldar as atitudes dos africanos, mesmo após a conversão ao cristianismo ou ao Islã. O fenômeno pervasivo e persistente descrito por Gifford confirma a observação da socióloga Birgit Meyer, que conduziu um extenso estudo empírico na África ocidental: a "dita 'religião tradicional' não é algo do passado (embora a retórica cristã lá a situe), mas sim continua sendo praticada e, ao que parece, crescentemente"[68]. A contínua influência da Religião Africana no dia a dia, é corroborada pelo relatório científico publicado pelo Pew Forum em 2010, que diz:

> Lado a lado com seus altos níveis de compromisso com o cristianismo e o Islã, muitas pessoas nos países pesquisados retêm crenças e rituais característicos das religiões africanas tradicionais. Em quatro países, por exemplo, metade ou mais da população acredita que sacrifícios aos ancestrais ou espíritos são capazes de protegê-la do mal. Além disso, por volta de um quarto da população em 11 países diz crer no poder protetivo do *juju* (sortilégios, amuletos), santuários e outros objetos sagrados. A crença no poder de tais objetos é mais alta no Senegal (75%) e mais baixa em Ruanda (5%)[69].

---

67. GIFFORD. P. *Christianity, development and modernity in Africa*. Londres: Hurst & Company, 2015, p. 13-28.

68. MEYER, B. *Translating the Devil*: religion and modernity among the Ewe em Ghana. Edimburgo: Edinburgh University Press, 2002, p. 85-89.

69. http://www.pewforum.org/files/2010/04/sub-saharan-africa-chapter-3.pdf

Não surpreende, portanto, que diversos ramos da Cristandade africana tenham se apropriado das funções típicas de explicação, predição e controle da Religião Africana. Nesse sentido, defendo que também eles poderiam ser considerados, com justiça, variedades "encantadas" do cristianismo. Manifestações dessa imaginação religiosa são bem presentes na África, em especial nas igrejas de origem pentecostal, as quais Gifford chama de "pentecostalismo africano". É importante se ter em mente que neste mundo encantado, a religião serve a um propósito e pode, indubitavelmente, ser chamada ao serviço em uma variedade de situações, condições ou circunstâncias. A linha que separa um influente sistema de prática religiosa de um sistema pervertido de *performance* religiosa é tênue, o que leva ao meu terceiro ponto.

Para descrever e avaliar os usos e abusos do cristianismo, adoto como ferramenta hermenêutica a categoria dual da *prática profética* e da *performance patológica*, uma distinção sutil, mas funcional. As manifestações de *prática profética* exemplificam e corporificam o significado e o objetivos autênticos do cristianismo, enquanto a *performance patológica*, pelo contrário, constitui uma perversão ou subversão dos autênticos significados e objetivos cristãos. Histórias como aquelas no começo deste capítulo servem de exemplos práticos.

O leitor pode, com razão, questionar e objetar minha lógica ao passar tal julgamento sobre o que é autêntico e o que não é. Reconheço o fardo da minha subjetividade e espero que a autenticidade e o sentido concernentes ao cristianismo sejam mais autoevidentes do que poderiam parecer à primeira vista. Da mesma forma, ao falar de práticas proféticas *versus performances* patológicas no cristianismo na África, tenho observado a tendência à generalização. Tanto quanto possível, esforço-me por identificar instâncias particulares que ilustrem e justifiquem algumas afirmações gerais sobre filiações e fidelidade religiosas na África, pois a tentação de reduzi-la a uma entidade simples e homogênea (que o escritor nigeriano Chimamanda Ngozi Adichie chama de "uma única história") permanece sendo a miséria da pesquisa e da intelectualidade no curso de diversas disciplinas que focam no continente – dentre as quais não advogo nenhuma exceção.

4.1 O espírito e a escuridão

Como deveria estar evidente à essa altura, o cenário religioso da África do século XXI, especialmente ao sul do Saara, confronta-nos com um panorama de muitas formas fascinante, embora desconcertante. O primeiro exemplo notável diz respeito à forte evidência de crescimento e expansão da filiação e da fidelidade à religião, fenômeno esse cujo abundante registro está presente em estudos de história, sociologia, religião e teologia. Como já mencionado, o eixo do crescimento e da expansão religiosos elevou-se rapidamente desde a virada do século XX: ramificando-se desde as incursões do cristianismo missionário dos séculos XVIII e XIX, tem registrado sua presença contínua, gradual e fortemente, no mapa continental, na qualidade de uma das grandes fés. O mesmo pode ser dito do Islã, desde o seu advento no norte da África no século VII.

Um segundo elemento de fascínio e perplexidade diz respeito à categorização. O que constitui exatamente uma taxonomia acurada da religião na África? Ainda que desejável, a realidade teima em desconcertar mesmo as metodologias mais bem elaboradas. A Cristandade ao sul do Saara, com sua proliferação de movimentos, seitas e igrejas, pode parecer confusa:

como observei no capítulo 2, segundo Lamin Sanneh, o fator preponderante para explicar essa religiosidade tão diversa e seu intenso crescimento é um processo conhecido como tradução e vernacularização.

À medida que mais e mais africanos são capazes de acessar as traduções da Bíblia em suas línguas vernáculas, eles adquirem confiança em apropriar-se da mensagem e consideram-se capazes de produzir seus próprios "ramos" ou "expressões" do cristianismo, lançando mão de seletividade e criatividade para traduzi-lo aos seus contextos locais. A vernacularização, todavia, termina por frustrar quaisquer cânones regulatórios duradouros na formação das igrejas e comunidades cristãs – ou seja, dispara uma liberalização que promove a proliferação de uma miríade de corpos cristãos, resultando numa diversidade complexa de comunidades eclesiais. Embora ainda seja possível falar de grandes igrejas na África, como a Católica Romana, a Anglicana, a Metodista e a Presbiteriana, por exemplo, a vasta maioria de unidades eclesiais desafia categorizações ou classificações fáceis.

Como consequência, os rótulos "padrão" de tradições de fé à nossa disposição não mais capturam e representam as características definidoras dessas unidades eclesiais mutantes que evoluem incessantemente. A persistente fluidez, inerente à sua natureza, identidade, teologia e crenças, desafia qualquer categorização organizada, fixa e estática. Presentemente, os termos pentecostal, evangélica, protestante, carismática, sionista, instituída, etiópica, independente, dentre outros, corporificam uma relatividade frustrante capaz de quase neutralizar sua relevância como marcos fronteiriços denominacionais, enquanto outros dísticos como "crentes na Bíblia", "operadores de milagres", "libertação", "mantos brancos", "cheios do Espírito", "profética", "ungida" e "dos últimos dias" não fazem melhor figura. Se a mensagem cristã e suas crenças são legitimamente traduzíveis em práticas locais vernáculas, são igualmente propensas à manipulação por religiosos vigaristas.

Em suma: a partir desses comentários preliminares, é tão claro quanto surpreendente que a religião na África, não importa a maneira como a vemos, está indo muito bem. A questão que proponho, contudo, é igualmente simples: *como* devemos ver a religião na África? Como já afirmei anteriormente, a abordagem dominante tende a centrar-se substancial e desproporcionalmente na demografia e nas estatísticas. Dito isso, consideremos os dois exemplos que se seguem.

Philip Jenkins está convencido de que as novas faces do cristianismo que emergem das esferas geográficas e demográficas da África, Ásia e América Latina constituem a próxima Cristandade[70], e quando investigamos a lógica por trás dessa previsão são os números que vêm à tona como fatores e considerações fundamentais.

De modo semelhante, John Allen Jr. está convicto de que uma mudança do centro de gravidade em direção ao sul global é uma das tendências que revolucionarão a Igreja Católica do futuro. As cifras que sustentam tal afirmação são, com justiça, consideradas impressionantes, mas há a tentativa ou risco significativo de absolutizá-las em detrimento da análise incisiva e da crítica investigativa das tendências, credibilidade e autenticidade da filiação religiosa na África. A narrativa desse crescimento tem alguns lados bons, e outros nem tanto, como tanto Jenkins quanto Allen reconhecem[71].

---

70. JENKINS, P. *The next christendom: the coming of global Christianity*. Oxford: Oxford University Press, 2002, p. 85-89.

71. ALLEN, J.L. *The future Church:* how ten trends are revolutionizing the Catholic Church. Nova York: Doubleday, 2009, p. 85-89.

4.2 Uma religião do subdesenvolvimento

A despeito de seu sucesso estatístico, quando situado contra um horizonte mais amplo da África, o crescimento do cristianismo e de outras religiões regurgita uma imagem dura e desconcertante. Ironicamente, a sorte econômica e política do continente parece regredir na proporção inversa à do crescimento do cristianismo, e há pouca necessidade de estatísticas para retratar seu corrente dilema sócio-político-econômico. A evidência pende fortemente na direção da deterioração mais do que na da melhoria, e é discutível se é possível qualificar a uma tal situação como desenganada ou promissora, uma ambivalência capturada à perfeição pela reviravolta jornalística da revista *The Economist*, que qualificou a África de "continente desenganado" na virada do milênio, celebrou a "ascensão da África" em 2011, e rebatizou-a de "continente da esperança" em 2013[72].

Outra importante questão concernente à religião na África é: por que ela floresce de tal maneira em um continente imerso em crises, calamidades e conflitos? Por que prospera em meio ao subdesenvolvimento e à disfuncionalidade generalizada? Já foram feitas tentativas notáveis de confrontar tais questões e criticar a religião na África: Paul Gifford, por exemplo, empreendeu estudos empíricos extensos das denominações cristãs na África, especialmente em suas partes oriental e ocidental, nos quais oferece percepções válidas sobre as tendências e características do cristianismo na África na virada dos séculos XX e XXI[73].

---

72. The hopeless continente. *The Economist*, 13 mai. 2000. • Africa rising. *The Economist*, 3 dez. 2011. • A hopeful continente. *The Economist*, 2 mar. 2013.

73. GIFFORD, P. *New Dimensions in African Christianity*. Nairobi: All Africa Conference of Churches, 1992. • GIFFORD, P. *African Christianity: its public role*. Indiana: Indiana University Press, 1998. • GIFFORD, P. *Christianity, Development, and Modernity in Africa*. Londres: Hurst & Company, 2015.

Outro exemplo pertinente é o teólogo ugandense Emmanuel Katongole, a quem introduzi no capítulo 2. Em seu livro, apropriadamente intitulado *The sacrifice of Africa*, ele argumenta que o cristianismo opera no interior de um paradigma essencialmente questionável – limitado, na melhor das hipóteses; defeituoso na pior. Enquanto a *performance* cristã se concentra em aplicar bálsamos espirituais, pastorais e políticos paliativos para desafios socioeconômicos e políticos complexos, é incapaz de impactar o curso ou direção desses mesmos domínios de qualquer maneira significativa. Katongole se pergunta: "qual é o resultado do ínfimo impacto social do cristianismo na África? Por que, em que pese sua avassaladora presença, falhou em deixar uma marca significativa na história social do continente?"[74]. Essa é uma questão que certamente interessa a um continente conhecido pela explosão do crescimento religioso. Katongole prefere uma solução que consiste na re-imaginação dos valores centrais e da ética social do cristianismo, e na criação de novas narrativas que superem o silêncio cristão como imaginário social no intuito de produzir alternativas e soluções efetivas.

A diferença que percebo entre Gifford e Katongole é que enquanto o primeiro limita sua análise quase que exclusivamente aos relatos empíricos, o segundo oferece considerações e lógica teológicas. Tal situação não surpreende, dado que Gifford aborda a questão desde sua perspectiva de sociólogo da religião, enquanto Katongole não se preocupa em disfarçar seu pendor teológico. A conclusão geral a que chega Gifford é a denúncia das igrejas e instituições religiosas por seu fracasso em contribuir para uma "reestruturação radical" das instituições sócio-político-culturais africanas[75].

---

74. KATONGOLE, E. *The sacrifice of Africa*. Op. cit., p. 45.
75. GIFFORD, P. *African Christianity*. Op. cit., p. 348.

Então, por que a religião vai tão bem em meio à crise africana? Proponho que a questão seja reformulada, primordialmente porque o desafio não é tirar da manga uma nova avaliação conceitual ou uma abordagem, mas sim repensar a importância da religião na África em pleno século XXI. Trago, agora, uma terceira questão, *"por que a religião funciona na África?"*, em adição às duas primeiras, "como vemos a religião" e "como a religião prospera em meio ao caos e à desconjuntura". A base dessa terceira pergunta deriva da observação de um fenômeno religioso africano: a religião funciona, algo verdadeiro tanto para o cristianismo e para o Islã quanto para a Religião Africana. Há, ainda, intensidade na filiação e confiança no modo como a religião opera. Preocupações doutrinárias e dogmáticas formais parecem importar menos do que os benefícios práticos e funcionais trazidos pela fé e pela crença.

4.3 A religião funciona

A religião funciona. Quando prestamos atenção à estrutura da crença na Religião Africana, observamos a existência de uma categoria de divindades que mantém o controle sobre a fé dos devotos graças, exclusivamente, à sua funcionalidade. Estes deuses foram classificados, genericamente, pelos antropólogos como "menores", em justaposição a um Ser Supremo, distinção essa que explica o comportamento religioso de meu pai, que descrevi no capítulo 1, "A fé do meu pai, o espírito da minha mãe".

Muitos estudiosos da Religião Africana ainda afirmam que esse caracterizado Ser Supremo manifesta-se distante e lentamente, e que por causa disso raramente existem cultos, santuários ou devotos a ele dedicados. Eles defendem que por força desse distanciamento, dessa ausência, os africanos tenderam a criar "agentes menores, os deuses e espíritos", para lidar com "as sortes e os azares da vida corrente"[76]. Contrariamente, defendo que rotular de "secundárias", "econômicas" ou "menores" essas deidades, como fizeram Dominique Zahan e Benjamin C. Ray, é errar o foco, pois do ponto de vista dos devotos não há nada de secundário ou econômico nesses deuses ou espíritos. Eles são importantes porque acredita-se, e percebe-se, que eles operam no interesse dos seus devotos em uma multiplicidade de situações, especialmente em tempos de crise, como nas doenças, na ameaça do fracasso, na sobrevivência, na aniquilação, e assim por diante. Quando os membros da minha família estendida pegavam água do quarto da cura, acreditávamos não apenas na eficácia dos elementos, mas também, e mais importante, na poderosa garantia das divindades.

No capítulo 1, mencionei o caso do chefe de Akunna e do missionário Sr. Brown, em que o primeiro afirmou em termos explícitos a natureza dos assim chamados deuses e deusas "menores" como "mensageiros", que não competem nem substituem o Ser Supremo, tampouco o tornam inexpressivo. Cada um tem o seu lugar. Ray está correto ao notar que "ambos os tipos de divindade, o Deus único e criador e as muitas potestades menores são essenciais para o completo espectro de vivência da religião tradicional"[77]. A não compreensão desse relacionamento explica, em parte, o rótulo e o fardo de "animismo" que a Cristandade missionária pespegou à Religião Africana, e, nesse sentido, defendo a posição de que os missionários também poderiam, com justiça, ser considerados variedades do "cristianismo encantado". De fato, a

---

76. RAY, B.C. *African Religions: Symbol, Ritual and Community*. Nova Jersey: Pearson, 2000, p. 45.

77. RAY, B.C. *African Religions: Symbol, Ritual and Community*. Nova Jersey: Pearson, 2000.

religião funciona na África, e concordo com Paul Gifford: no continente, o cristianismo adotou e adaptou essa mentalidade funcional e utilitária característica da estrutura de fé e de crença religiosas na África contemporânea, algo que Gifford chamou de "imaginação religiosa encantada".

Para se chegar a uma melhor compreensão de como a religião funciona atualmente na África, é importante recordar os dois modos de funcionalidade que apresentei anteriormente: a *performance* patológica e a prática profética, uma classificação que também leva em consideração as questões interconectadas de como vemos a religião na África e por que ela vai tão bem na África, a despeito da evidência de generalizada disfuncionalidade sócio-político-econômica.

4.4 Performance patológica

No geral, qualquer *performance* patológica da religião manipula e se apropria de recursos e linguagem religiosos para gerar soluções simples e superficiais para problemas ou desafios reais e complexos. É comum que tais *performances* capitalizem sobre os aspectos superficiais da religião e acentuem a percepção de sua eficácia aos olhos e mentes dos seus seguidores. Fazem uso de teologia e hermenêutica rudimentares e cooptam múltiplas estratégias de comunicação para essas percepções. Suas óbvias estratégias habituais incluem, por exemplo, tecnologia de mídia, artifícios de marketing, autoedição e técnicas de publicidade, pirotecnias pseudoevangélicas que já foram descritas pelo Papa Francisco como "aproveitamento das carências da população que vive nas periferias e zonas pobres, sobrevive no meio de grandes preocupações humanas e procura soluções imediatas para as suas necessidades" (EG 63). Da maneira como emprego o termo, sob todos os ângulos pelos quais se olhe, a *performance* patológica significa distorção e extravio.

Não afirmo ter quaisquer direitos autorais metodológicos sobre o termo *"performance"*, de ocorrência usual na descrição de fenômenos e ações em diversas ciências sociais. Laurenti Magesa, por exemplo, descreve *performance* em relação à espiritualidade africana como "um feito artístico na direção da descoberta da beleza, que envolve o processo tanto de aprender como de produzir sentido, construir normas culturais e identidades sociais"[78]. A bem da presente narrativa, qualifico *performance* com "patologia" precisamente para destacar aquelas dimensões perturbadas do cristianismo, a operar na África no século XXI.

O cristianismo ao sul do Saara exibe três interessantes plataformas nas quais a prática da religião opera como *performance* e está propensa a manifestações patológicas:

- *cura*, em especial as milagrosas;

- *profecia/visões*, relacionada ao bem-estar social, conjunturas, sortes e azares dos seguidores;

- *libertação*, a necessidade de neutralizar e eliminar forças percebidas como impedimentos no caminho do avanço socioeconômico do fiel.

Juntas, essas três plataformas replicam – ou, pelo menos, espelham – o esquema tripartite de Horton (explicação, predição e controle) prevalente na Religião Africana.

Notavelmente ausente desse esquema está o muito debatido evangelho da prosperidade, o qual, em sua forma mais simples, prioriza a prosperidade material e o sucesso como recompensas divinas pela devoção, ao mesmo tempo em que rejeita a pobre-

---

78. MAGESA, L. *What is not sacred?* Op. cit., p. 69.

za como o espaço destinado às pessoas de pouca ou nenhuma fé. Separa o sucesso do fracasso uma linha divisória mais bem explicada pelo investimento pecuniário ligado ao primeiro. Esta teologia, da qual irei tratar mais adiante, pode ser incluída em qualquer uma das plataformas precedentes.

Embora o foco esteja recaindo sobre o cristianismo, as patologias religiosas também operam em outras denominações. Poderíamos, por exemplo, pensar em determinados elementos intrínsecos ao Islã que fomentam intimidação psicológica e violência física e material – exemplos esses que descrevi no capítulo 3. Ainda assim, é importante reconhecer que tais elementos são motivados por fatores não necessariamente derivados dos seus valores ou princípios centrais: tanto no cristianismo quanto no Islã, *performances* patológicas são ainda mais agravadas e encorajadas pela crescente intolerância religiosa, pela instrumentalização da fé, pela mercantilização da consciência religiosa e pela intensificação do extremismo religioso.

Há numerosos espécimes vexaminosos de *performances* patológicas. Os estudos de Gifford incluem diversos relatos delas associadas ao cristianismo na África, e algumas descrições são particularmente chocantes, quando não, francamente aterrorizantes. Tomemos o caso de Daniel Olukoya, fundador dos "Ministérios da Montanha de Fogo e Milagre"[79] (MFM), cujo nome, como de muitos outros grupos, já é digno, por si só, de uma pausa. Enquanto Gifford, do pentecostalismo africano "levado aos seus limites"[80], Olukoya ensina que um cristão está perpetuamente sujeito à ameaça de ubíquas e malévolas forças espirituais – que incluem maldições ancestrais, espíritos marinhos, espíritos serpentes, cônjuges ocultos e bruxas – que man-

---

79. Nome original: Mountain of Fire and Miracle Ministries [N.T.].

80. GIFFORD, P. *African Christianity*. Op. cit., p. 20.

têm os infelizes cristãos sob permanente servidão espiritual. O preço da liberdade é uma combinação de arrependimento, retidão, emancipação e prece. Como escreveu GIfford:

> O que caracteriza a essência do cristianismo de Olukoya é a guerra espiritual [...] a oração – orações violentas, "loucura sagrada", a "ofensiva bélica" do "guerreiro em brasa" – seja em casa ou na igreja. Essas orações são o meio principal para frustrar as forças malignas enviadas contra nós e reclamar o nosso verdadeiro destino [...][81].

Se a beligerância da Cristandade abrasada de Olukoya incomoda a racionalidade, outros exemplos desafiam a credulidade.

Vejamos um exemplo que granjeou notoriedade nacional em Gana, país da África ocidental: quando o cedi, a moeda nacional, sofreu uma queda repentina e perdeu valor perante suas mais importantes contrapartes internacionais, tal evento causou ondas de choque na economia do país e disparou uma catastrófica reação inflacionária. No pânico generalizado que se seguiu, um proeminente líder cristão ganense inventou uma solução "cristã" para a vertiginosa crise monetária: o arcebispo Nicholas Duncan-Williams, bispo-presidente dos Ministérios Christian Action Faith (CAFM) atribuiu o problema à ação de Satanás. Vejamos sua oração de libertação proferida para reverter a calamidade satânica da depreciação monetária e decretar a "ressurreição do cedi":

> Em nome de Jesus, digo: Satanás, tire suas mãos do presidente; tire suas mãos do Banco Central e do ministro das finanças. Libertamos inovação para o presidente, meu Deus, o governador do Banco Central de Gana. [...] Ordenamos novas

---

81. Ibid., p. 27-28.

ideias, avanços e um milagre para a economia. Que o cedi se levante em nome de Jesus! [...] Ergo o cedi com a oração e ordeno que o cedi se recupere e declaro que o cedi não mais cairá. Ordeno o cedi a escalar. Ordeno a ressurreição do cedi. Ordeno e liberto um milagre para a economia!

Noves-fora o espalhafato, algumas reações às palhaçadas religiosas reconheceram-nas, com justiça, pelo que eram: uma destas veio do ex-diretor da administração de Monitoramento e Avaliação da Administração do Congresso Democrático Nacional de Gana (NDC), dr. Tony Aidoo, que em seu comentário sobre as palhaçadas do bispo observou que:

É, na melhor das hipóteses, um alívio cômico, mas sério, na pior trata-se de um grande problema para nós porque vem reforçar uma atitude – a atitude subdesenvolvida dos ganenses [...] Atribui-se tudo de positivo a Deus, e tudo de negativo ao Diabo, e assim os dois nomes tornam-se mais [...] comercializáveis. Ato contínuo, você se torna vulnerável à exploração do clero[82].

Sob tais circunstâncias, a maior ameaça que essas *performances* trazem à África reside na habilidade singular de seus proponentes em criar e reforçar uma estrutura hermenêutica dualista que opõe bem e mal, produzindo assim um reducionismo teológico que espiritualiza todas as formas de mal-estar socioeconômico, tanto no âmbito público como no privado.

Como já observei, Gifford descreve este pendor à espiritualização de todos os aspectos da vida como uma "visão de

---

82. AIDOO, T. Tony Aidoo jabs Duncan-Williams. Disponível em: http://www.ghanaweb.com/GhanaHomePage/regional/Tony-Aidoo-jabs-Duncan--Williams-299751. Acesso: 21 out. 2022.

mundo encantada" que "vê causalidades espirituais em todo canto"[83]. Embora concorde com essa nomenclatura e com essa observação, discordo da tendência do autor em situar a origem da visão de mundo encantada exclusivamente no âmbito das crenças africanas – ou naquilo que ele, pejorativamente, chama de bruxaria. Como tenho consistentemente reafirmado, embora haja indícios dessa influência, a Religião Africana não dá conta inteiramente do crescimento e perpetuação de tais *performances* patológicas. Além disso, a Religião Africana não aceita a bruxaria, considerada uma aberração.

Da mesma forma, discordo da caracterização de Jenkins da inclinação para a causalidade espiritual como uma mera "herança pagã" ou como uma "influência continuada das crenças animistas e pagãs" no cristianismo africano[84]. Os deuses e deusas africanos não devem ser responsabilizados, pois esta visão de mundo encantada com fins a interesses financeiros e pecuniários é, primordialmente, invenção e potente instrumento dos mercadores de tais *performances* patológicas. Como bem observado por Aidoo, as principais ferramentas da *performance* patológica são a exploração e a manipulação[85].

Não obstante, toda e qualquer *performance* patológica é, em essência, um subproduto de uma cristologia defeituosa gerada por um pensamento reducionista. Ao justapor bem e mal, reduz a função, papel ou sentido de todo ensino, missão e evangelho de Cristo a uma arma para se opor, dominar e

---

83. GIFFORD, P. *Christianity, politics and public life in Kenya*. Nova York: Columbia University Press, 2009, p. 86. • GIFFORD, P. *Ghana's New Christianity*: Pentecostalism, in a globalizing African economy. Indianápolis: Indiana University Press, 2004, p. 161-169.

84. JENKINS, P. *The new faces of Christianity*: believing the Bible in the Global South. Oxford: Oxford University Press, 2006, p. 101.

85. AIDOO, T. Tony Aidoo jabs Duncan-Williams. Op. cit.

derrotar o mal encarnado em um pequeno círculo de espíritos malevolentes. Além disso, deixa sob indevido estresse a funcionalidade desse evangelho para que dê conta de tudo aquilo que está supostamente sendo negado ou retardado pelos espíritos malignos – essencialmente a prosperidade, na forma da riqueza e da saúde. Consequentemente, Jesus Cristo é transformado, primária e exclusivamente, no fornecedor premiado da prosperidade material e garantidor-mor da vitória contra os espíritos onipresentes e depredadores.

Esta Cristandade "encantada" acostumou-se a comparar o poder de Cristo ao de Satanás e dos espíritos maus. Uma canção popular descreve a força de Jesus como um "superpoder", e a de Satã como "poder sem poder". Nessa conceptualização binária, Jesus Cristo pode ser pressionado a servir em uma série de situações percebidas como ameaçadoras.

Como vimos, não faltam exemplos de *performances* patológicas, das patéticas às perigosas. Vale a pena notar que para além dos interesses financeiros, muitos dos seus proponentes ou empreendedores tornam-se, eventualmente, bem-sucedidos em granjear significativa influência política. Como descrito por um analista, "os autodeclarados profetas apocalípticos da África [...] possuem megaigrejas com multidões de fiéis fluindo aos milhões. Eles pregam, mas também se envolvem com os políticos. Têm uma certa mística, e são reverenciados por muitos. Logo, quando falam, até mesmo os líderes escutam"[86].

Esses empreendedores religiosos se apresentam sem cessar perante a galeria da casta de megalomaníacos, autocratas, ditadores e déspotas da África: o profeta T.B. Joshua é lendário pela quantidade de presidentes falecidos, ex-presidentes e presidentes

---

86. ODUOR, P. *Power and Religion*, Naibori: Daily Nation, 2014.

ou chefes de Estado atuais listados em sua *fan base*, um rol que inclui os finados Frederick Chiluba, do Zâmbia; John Atta Mills, do Gana; Bingu wa Mutharika, do Malawi; Joyce Banda, ex-presidente do Malawi (cuja morte do seu predecessor o profeta afirma ter predito) e o ex-primeiro-ministro do Zimbábue, Morgan Tsvangirai. O site de sua Sinagoga, Igreja de Todas as Nações (SCOAN) o descreve como "um mentor dos presidentes, mas também um amigo das viúvas e dos desvalidos, um modelo para sua geração, mas também um homem humilde e trabalhador, labutando incessantemente pelo adiantamento do Reino de Deus".

Outro exemplo trágico de *performance* patológica é o caso do autoproclamado profeta congolês Joseph Mukungubila Mutombo, também conhecido como "último enviado de Deus a Terra depois de Jesus Cristo e de Paulo de Tarso". Em 2013, ele liderou um bando de seguidores em uma porção de ataques ousados e mortais a instalações governamentais e de segurança na República Democrática do Congo, um incidente que resultou na morte de dezenas de seguidores e funcionários.

Apesar dessas manifestações e de suas credenciais cristológicas questionáveis, as *performances* patológicas exemplificam uma "religião fraca" que, na melhor das hipóteses, é diversionista, enganadora, ou, na pior, manipulativa e exploradora.

R. Scott Appleby estudou o fenômeno triplo das religiões "fortes", "fracas" e "patológicas" ao explorar o relacionamento complexo entre religião e violência – dito simplesmente, existe religião e existe violência, e dadas as circunstâncias, ou o contexto, a primeira é capaz de disparar e até mesmo conferir lógica à segunda[87]. Mas quando falo de uma "religião fraca", porém, não a contraponho a outra "forte", nem a invisto com o

---

87. APPLEBY, R.S. *Religious Violence: The Strong, the Weak, and the Pathological*, Practical Matter, n. 5, 2012, p. 1-25.

sentido do fracasso para mobilizar os recursos religiosos para uma ação política continuada na esfera pública – algo similar à posição de Katongole. Para mim, a *performance* religiosa patológica é "fraca" na medida em que um batalhão de sofisticados e messiânicos oportunistas exploram a inocência dos fiéis com fins econômicos limitados e agendas políticas egoístas – e ao fazê-lo, atenuam e diluem o potencial transformativo da fé religiosa. Citando Karl Maier, estudioso do fenômeno na Nigéria, "esses pastores modernos estão simplesmente pregando à credulidade de seus seguidores mais ricos e ao desespero dos mais pobres"[88] – nem mais, nem menos.

Em termos similares, Paul Gifford propõe e defende a noção de que a *performance* patológica leva à domesticação do cristianismo, dizendo com isso que, no caso do Quênia, por exemplo, ele "tornou-se parte integral do sistema disfuncional"[89], e levanta a questão sobre se uma *performance* desse tipo ainda pode ser chamada de "cristã".

O que considero mais esclarecedor é o conceito de *ambivalência* desenvolvido por Appleby, ou seja, que a estrutura interna e os recursos materiais da religião podem servir a propósitos duplos e múltiplos, a depender do agente controlador ou inclinações ideológicas e doutrinárias gerais dos seus protagonistas. Em outras palavras, dadas sua ambivalência e a pluralidade interna de interpretações, a religião pode funcionar como *performance* e como prática, patológica no primeiro caso, profética no segundo[90].

---

88. MAIER, K. *This House Has Fallen: Nigeria in Crisis*. Londres: Penguin, 2000, p. 251-67.

89. GIFFORD, P. *Christianity, Politics and Public Life in Kenya*, p. 241.

90. APPLEBY, R.S. *The Ambivalence of the Sacred: Religion, Violence and Reconciliation*, Carnegie Commission on Preventing Deadly Conflict. Maryland: Rowman & Littlefield, 1999.

4.5 Prática profética

Até agora, não temos prestado muita atenção à segunda forma pela qual a religião geralmente funciona na África, embora já tenha aludido extensivamente a ela. E porque meu foco tem recaído sobre as estratégias e manifestações das *performances* religiosas patológicas, preciso agora oferecer um relato similar da "prática profética" ao invés de apenas presumir suas propriedades autoevidentes.

Partindo da minha própria experiência com a Religião Africana, a prática religiosa orienta-se essencialmente na direção da melhoria do fortalecimento da vida, em sua concepção mais ampla. Seja no ritual, na devoção ou na divinação, o benefício primário da fé religiosa deriva da crença de que tais práticas expandem a força vital dos devotos, individual e coletivamente. Seria desonesto negar que existem aberrações – como *performances* patológicas – nessa estrutura religiosa, mas elas são, no geral, rejeitadas, e jamais é permitido que se tornem elementos normativos no arcabouço, ou contexto, da prática religiosa, e um bom exemplo dessa espécie de aberração no contexto da Religião Africana seria a feitiçaria.

O teólogo tanzaniano Laurenti Magesa deu ao seu livro sobre a Religião Africana o subtítulo de *The moral traditions of abundant life*[91], ou "as tradições morais da vida plena", no qual defende que a exploração e a manipulação não contam como virtudes nesse sistema religioso. Da mesma forma, em seu fascinante livro *Of Africa*, Wole Soyinka demonstrou a contento como, na prática divinatória das tradições religiosas iorubas, o bem-estar dos crentes é de primordial importância – na verdade, o vidente, ou sacerdote, conhecido como babalaô, está ab-

---

91. MAGESA, L. *African religion*. Op. cit.

solutamente vinculado ao princípio da gratuidade: não se exige nenhuma recompensa nem se impõe qualquer obrigação pela prática em si. Retribui-se a gratuidade com gratidão[92]. Esta prática contradiz e está diametralmente oposta ao *ethos* corrente da recompensa material ou do dividendo econômico, característicos das *performances* curativas, proféticas ou liberatórias existentes em certas expressões do cristianismo na África.

Reservo o termo "prática profética" para as expressões ou abordagens religiosas não avessas à análise das causas ou raízes estruturais de crise, violência e desarranjo social, embora o façam inspirando-se nos valores centrais de suas respectivas tradições para fortalecer e aprimorar o bem-estar de seus seguidores. Entre os exemplos desses "valores centrais" da tradição cristã, temos a justiça, a solidariedade, a compaixão, a misericórdia, a caridade e a preocupação ecológica.

A compreensão de Jesus Cristo é de vital importância nesse modo de funcionamento religioso. A prática profética leva em consideração o espectro inteiro das narrativas evangélicas, incluindo o sacrifício, a autonegação, o sofrimento e o compromisso, dimensões francamente ausentes nas preferências cristológicas das *performances* patológicas. Além disso, o entendimento profundo de Jesus Cristo há que incluir a interação entre seus atributos humanos e divinos, que cobrem toda a gama de emoções humanas nas narrativas evangélicas.

Claro está que a maneira como recorro ao termo "prática profética" tem uma ressonância óbvia com a "práxis", em especial como esta última é construída e aplicada pela tradição da Teologia da Libertação. Mas existe uma diferença: a prática profética

---

92. SOYINKA, W. *Of Africa*. Op. cit., p. 148-150.

não se contrapõe à ortodoxia – na verdade, seu polo oposto, conceitual como praticamente, é a *performance* patológica.

O ponto-chave é que da mesma forma que existe uma mancheia de atores[93] patológicos ativa no horizonte religioso africano, existem também práticos proféticos. Ao nível institucional, a tensão entre ambas as orientações pode ser acirrada, mas não tenho dúvidas quanto às suas respectivas credenciais, e seria errôneo identificar qualquer uma das duas exclusivamente a uma única denominação específica.

No capítulo 3, mencionei o conflito de motivação religiosa que opõe a coalisão majoritariamente muçulmana Séléka à predominantemente cristã milícia Anti-Balaka na República Centro Africana, um país devastado pela guerra. Nesse contexto, o Cardeal Dieudonné Nzapalainga, arcebispo de Bangui, junto com o Reverendo Nicolas Guerekoyame-Gbangou, presidente da Aliança Evangélica nacional, e o imã Oumar Kobine Layama, presidente do Conselho Islâmico, oferecem um notável modelo de prática profética. Frequentemente chamados de "os três santos de Bangui", esses líderes religiosos estão na linha de frente de uma iniciativa de âmbito nacional para promover a paz, a tolerância e a coexistência entre cristãos e muçulmanos. Desde que a violência começou, eles têm organizado sessões de oração rotativas na catedral católica, na grande mesquita e nas igrejas protestantes da capital, concentrando-se em promover "escolas da paz", em que crianças de todas as fés podem estudar, e centros de saúde mistos, abertos para todos, não importando sua origem étnica ou religiosa.

À luz desse exemplo, a afirmação de Gifford, de que "o catolicismo, em contraste ao pentecostalismo, é bastante re-

---

93. *Pormers* no original [N.T.].

lutante em albergar qualquer forma de cristianismo encanta-do"[94] soaria problemática. A razão, afirma, deve-se largamente a um "processo de ONG-zação" no qual o catolicismo se torna preocupado com o "desenvolvimento – historicamente escolas e clínicas, mas agora em seu sentido mais amplo, como direitos humanos, justiça e paz"[95].

Não pode haver dúvida a respeito do papel central e efetivo do catolicismo em promover o desenvolvimento humano e social na África, especialmente na provisão de educação e serviços de saúde para milhões de africanos, por meio de instituições afiliadas ou patrocinadas pela Igreja. Gifford chega a afirmar que a Igreja Católica é a "maior agência de desenvolvimento do continente"[96], uma afirmação apoiada em múltiplos exemplos da sua atuação na promoção do desenvolvimento integral. Gifford descreve um exemplo:

> Se se quiser resumir, em uma única palavra, o papel da Igreja Católica no Quênia, ela seria "desenvolvimento". Dotada de imensos recursos, pessoal bem-formado e uma extensa rede de contatos, a Igreja é uma agência de desenvolvimento sem paralelo. O desenvolvimento se estende a todas as atividades, embora as mais óbvias sejam as escolas e os hospitais[97].

Da mesma forma, existem inúmeros indivíduos em meio às comunidades cristãs de todo continente cujas ocupações seculares e iniciativas religiosas contribuem positivamente

---

94. GIFFORD, P. *Christianity, Development and Modernity in Africa*. Op. cit., p. 151.

95. Ibid.

96. Ibid.

97. GIFFORD, P. *Christianity, politics and public life in Kenya*. Londres: Hurts, 2009, p. 81.

para a re-imaginação e a reconstrução do tecido socioeconômico, cultural e político da África. Eles não buscam explorar ou manipular; antes, sua prática profética, que almeja conter as forças desumanizantes da política, da sociedade e da economia, é uma manifestação concreta de sua crença e sua fidelidade à religião.

Ainda assim, discordo frontalmente da posição de Gifford de que "quanto mais o catolicismo optou pelo desenvolvimento tanto mais cessou de oferecer ou apelar aos africanos com uma imaginação religiosa encantada [...] Questões relativas à religião encantada, fora da alçada do catolicismo oficial, são atendidas pelos pentecostais"[98]. Quando examinamos de perto os padrões de crescimento religioso na África contemporânea, percebemos que nem a *performance* patológica nem a prática profética são patrimônio exclusivo de qualquer denominação. A partir de uma perspectiva católica, a Igreja na África está propensa a ambas, pois, graças ao fenômeno crescente da "pentecostalização" da Igreja Católica, os clérigos atuais têm rapinado na credulidade dos ricos e na vulnerabilidade dos pobres, da mesma maneira que outros tantos têm contribuído para a transformação do seu contexto social e a criação de um meio ambiente favorável à redução da pobreza e à obtenção do desenvolvimento[99]. Como suas contrapartes pentecostais, muitos clérigos católicos tornaram-se especialistas nos assim-chamados ministérios da cura, da profecia e

---

98. GIFFORD, P. *Christianity, development and Modernity in Africa.* Op. cit., p. 151-152.

99. Para uma avaliação mais abrangente e positiva sobre as contribuições de igrejas e organizações devocionais para o desenvolvimento da África, cf. BELSHAW, D.; CALDERISI, R.; SUGDEN, C. (org.) *Faith in development: partnership between the World Bank and the churches of Africa.* Oxford: Regnum, 2001.

da libertação. As táticas são as mesmas, como também são as expectativas de recompensas materiais.

No capítulo 1 tentei criticar a maneira como a religião, em especial o cristianismo, funciona na África. Em seu livro *Replenishing the Earth: Spiritual values for healing ourselves and the world*[100] a Nobel da Paz Wangari Maathai, falecida em 2011, afirma: "continuo confiante de que, especialmente na África Subsaariana, a religião irá se tornar uma experiência libertadora"[101]. Sinais encorajadores da prática profética deveriam ser motivo de esperança, mas as *performances* patológicas não parecem estar diminuindo.

A evidência corrente suporta a perspectiva de que a religião tem um futuro na África. Como este futuro há de se desenvolver, ou se é sustentável ou não, dependerá, em larga medida, da interação entre as práticas proféticas e as *performances* patológicas: estas afirma oferecer soluções simples para as provações e tribulações dos devotos, e em muitas instâncias iludem seguidores bem-intencionados e desesperados em uma torrente de aspirações malsucedidas, e ainda assim o canto de sereia de sua ideologia prova-se, amiúde, irresistível, tanto para os "perdedores da sociedade" quanto para a "elite cristã" africana[102].

No sentido inverso, as práticas proféticas lutam para exemplificar valores religiosos centrais para um sustentável e pleno de sentido florescer da existência humana. Dados o apelo e a sofisticação das *performances* patológicas nos dias de hoje, em especial na era da digitalização e da tecnologia da informação,

---

100. Em uma tradução livre: "porque o livro não foi lançado no Brasil: Reabastecendo a Terra: valores espirituais para curar a nós mesmos e ao mundo" [N.T.].

101. MAATHAI, W. *Replenishing the Earth*. Op. cit., p. 164.

102. MAIER, K. *This House Has Fallen: Midnight in Nigeria*. Nova York: Public Affairs, 2000, p. 264.

a genuína prática profética terá de lutar para legar um impacto duradouro para a vasta maioria dos devotos e devotas religiosos do continente. Um desenvolvimento particularmente esperançoso tem sido o crescimento da consciência e da mobilização de resistência às *performances* patológicas religiosas por parte de seguidores desiludidos e descontentes.

Tanto no Islã como no cristianismo vêm emergindo seguidos exemplos nos quais cristãos e muçulmanos encontraram uma causa comum na denúncia, resistência e superação das cepas virulentas de *performances* religiosas que desencadeiam regimes de terror sobre inocentes de ambas as fés. Eles sondam os abismos de suas tradições religiosas para recobrar os valores centrais de misericórdia, tolerância, paz, justiça, compaixão e benevolência para confrontar as agendas dos mercadores do sectarismo.

No caso do cristianismo, as *performances* patológicas e as práticas proféticas buscam, ambas, inspiração nas fontes cristológicas, e seus proponentes fazem referência a uma quantidade infinita de textos das Escrituras no intuito de realçar seu apelo. Quando Jesus de Nazaré propôs a questão cristológica definitiva, "Quem dizeis que eu sou?", jamais poderia imaginar que estava libertando uma avalanche de respostas que chocaria e encantaria seus seguidores no curso de dois mil anos. Os recursos teológicos e bíblicos do cristianismo podem ser guiados em direção à ideia de prática profética libertadora de Wangari Maathai, mas também podem ser forçadas ao serviço de *performances* patológicas desumanizantes. A prova de uma teologia saudável é sua habilidade em encontrar a distinção e, ao mesmo tempo, expor a falência cristológica daquelas últimas.

Henry Okullu, um veterano da Igreja, observou certa vez que "em toda parte na África as coisas estão acontecendo. Os cristãos estão conversando, cantando, pregando, escrevendo, debatendo, discutindo. Seria tudo isso um espetáculo vazio?"[103]. Eis a questão.

---

103. OKULLU, H. *Church and politics in East Africa*. Nairobi: Uzima Press, 1974, p. 54; MALULEKE, T.S. *Half a Century of African Christian Theologies: Elements of the Emerging Agenda for the Twenty-First Century*, Journal of Theology for Southern Africa 99, 1997, p. 8.

5
Curando a Terra, curando a humanidade

Uma galinha tem dores de cabeça quando vê outra cozinhando na panela.
Provérbio africano

Até aqui a minha narrativa avançou e desenvolveu o argumento de que a Religião Africana é o substrato no qual a Cristandade e o Islã estão plantados; suas raízes penetram fundo até uma espiritualidade indígena fundacional que prioriza a vida, a comunhão e a solidariedade África afora e lá encontram subsistência. Também contrastei a disposição inerente da Religião Africana em explicar, predizer e controlar a algumas *performances* contemporâneas do cristianismo que adaptam essa abordagem para manipular, influenciar e tirar proveito das crenças dos seus seguidores.

Neste momento, o meu objetivo principal é examinar como a dinâmica da Religião Africana explora o nexo entre criação, salvação e ecologia, tão fundamental em nosso mundo do século XXI, pois acredito que a Religião Africana ofereça ideias engenhosas de como é possível entender essa conexão. Embora haja uma escassez de trabalhos publicados da pesquisa teológica africana a respeito da questão significativa da ecologia, cresce a conscientização de que a amálgama de cultura e espitualidade praticada no continente oferece recursos adicionais para manejo e responsabilidade ecológicos espiritualmente fundamentados.

Lembro de um programa de rádio da BBC World Service que reuniu um painel de líderes religiosos para examinar a questão da mudança climática e da religião na África. O grupo consistia em um arcebispo católico, uma liderança muçulmana e um pastor pentecostal, e admitiu com franqueza a demora geral das religiões na África em encarar e apreciar a gravidade do problema. Um atraso, contudo, que não derivou da falta de recursos da nossa própria tradição africana.

Estes recursos incluem o testemunho pessoal de líderes africanos como Wangari Maathai, a quem já remeti. Sua vida e sua obra permanecem como um padrão de esperança na busca global por uma ética ecológica de manejo, respeito e cuidado com o meio ambiente. Seus escritos também revelam diversos aspectos das credenciais ecológicas da religião Africana, recursos esses diretamente complementados por ideias advindas do pensamento dos papas Bento XVI, emérito, e Francisco.

Parte da lógica subjacente à minha narrativa, ideias e exemplos deriva de minha convicção de que a ecologia representa uma nova fronteira para a ética teológica da Cristandade africana, e que o cristianismo tem muito a aprender com a Religião Africana. Mantenho que ao reaver a dimensão "animista" dessa crença estaremos perfeitamente capazes de apreciar suas contribuições para o projeto e o debate ecológicos. Da maneira como o entendo, o animismo afirma a convicção basilar de que toda realidade está envolvida em um carinho divino e animada pelo fôlego vivificante do Espírito. Árvores, animais, água são todos elementos sagrados, e os seres humanos têm o dever de cuidar deles e protegê-los. Destruí-los ou poluí-los incorre na ira dos deuses ou das deusas, aos quais estão associados, e nas sanções impostas pela comunidade.

A triste realidade, porém, é que como seres humanos ferimos a Terra de tal maneira que é como se estivéssemos conscientemente desafiando a ira divina, ou completamente céticos em relação a ela. Embora não haja dúvida de que enfrentamos uma crise ecológica existencial, não falta quem duvide da ciência e da realidade da crise. Uma história do princípio da minha vida talvez venha colocar esta crise em contexto.

5.1 As lágrimas de uma mulher

Na Cidade do Benin, na Nigéria, onde nasci, existe um rio que corre para o Leste, o Ikpoba, cuja origem brota do mito e do folclore. São poucos os detalhes, mas o povo do Benin acredita que o rio se formou das lágrimas de uma mulher homônima: abandonada e com o coração partido, Ikpoba chorou, chorou, chorou, até que seu pranto virou torrente e ela veio a se dissolver na correnteza das próprias lágrimas, que findou por se tornar em curso d'água. Porque o povo do Benin acredita que o Ikpoba mana das lágrimas de uma mulher injustamente tratada, o rio é venerado e reverenciado.

Criança crescendo naquela cidade, o Ikpoba era para mim objeto de fascínio e admiração: a história havia capturado minha imaginação, e eu ansiava pelas oportunidades de estar junto a ele. Além disso, o rio também era fonte abundante de água fresca que atendia às demandas variadas da população. Um dos primeiros provérbios que aprendi ainda na minha infância enfatizava a importância deste e de outros veios d'água: *Ẹzẹ i mwen eghian*, literalmente, "um rio" ou "a água não tem inimigos". Além da presença ubíqua nos provérbios, a água fresca provia inspiração para os nomes de muitos dos meus parentes – como de resto para muitos outros cidadãos da Cidade do Benin. Tenho uma prima chamada Amẹzẹ, cujo nome completo é Amẹzẹ i si ọfọ, "água fresca não faz suar". Outra se chama Amenaghawon, cujo nome completo, Amenaghawon i lẹ s'omwan, significa "a água reservada à tua determinação jamais fugirá de ti". Meu favorito, Amenovbiyegbe, numa maneira quase franciscana, representa a água como uma irmã, "água, criança de minha mãe". Ainda mais impressionante, essa prática de nomeação é reforçada por uma espiritualidade comunal que venera a água como uma divindade da abundância ou da prosperidade, como Olokun, a deusa da minha mãe, que em sua essência aquosa regulava o bem-estar dos seres humanos.

O Ikpoba tem três pontes, a menor, mais antiga e estreita, feita de aço, caiu em desuso. Uma outra, maior, mais nova, mais ampla, feita de concreto, liga a cidade ao leste e ao norte do país. A terceira é invisível, pois o povo da Cidade do Benin acredita que o rio é uma ponte entre dois mundos – o dos seres humanos e o dos deuses, deusas e ancestrais. Quando os fiéis desejam encontrar suas deidades, vão todos ao Ikpoba, onde a terra se une ao céu e as lágrimas de lamentação fluem copiosas, incessantes, como aquelas de Raquel, nas Escrituras Hebraicas (Jr 31,15). Até hoje, o Ikpoba é lugar de devoção, sacrifícios religiosos e rituais, em especial aqueles relacionados à compaixão, à reconciliação e ao perdão.

Atualmente, a tristeza da história do Ikpoba provém de uma fonte diferente, pois embora os fiéis continuem a visitar suas águas com propósitos religiosos, o rio hoje nada mais é do que uma sombra miserável de sua glória pregressa. Lembro-me dele como um corpo d'água profundo, rápido, com fortes correntes e trânsito agitado de barcos pra lá e pra cá, carregando pescadores e mercadorias. Hoje o Ikpoba foi reduzido a um riacho estreito, raso, assoreado e poluído. Os fiéis ainda o visitam à noite, mas durante o dia suas margens abrigam os lava-jatos mais concorridos da cidade. Contaminado com sujeira, esgotos e efluentes, suas águas modorrentas, escuras da cor de lama, estão perpetuamente espumejadas pelos detergentes diversos lançados ao rio pelos lava-jatos.

Se, de fato, houve algum dia uma mulher chamada Ikpoba, a dor de sua traição dificilmente estaria à altura da agonia da poluição atual, da profanação empreendida por aquele mesmo povo por quem ela existe para nutrir e refrescar com as águas vivificantes. Seu sofrimento traz à mente as palavras pungentes do Papa Francisco: "Nunca maltratámos e ferimos a nossa casa comum como nos últimos dois séculos" (LS 53). Não há injustiça tão temível ou alarmante quanto aquela imposta à Mãe Terra pelos próprios seres humanos.

5.2 O inimigo somos nós

Múltiplos sinais e consequências evidenciam nossas transgressões ecológicas, dentre as quais a poluição do ar, da água e do solo; a elevação do nível dos oceanos; o derretimento das geleiras; o desmatamento; a desertificação; a perda de habitats naturais e biodiversidade, além da competição crescente por recursos escassos e minguantes. O debate intenso à volta desses temas enfatiza o imperativo e a urgência de "salvar o planeta" e "curar a Terra", uma retórica que traz em si ressonâncias religiosas familiares.

Apesar da estridência dos negacionistas, resta-me pouca dúvida de que os seres humanos somos largamente responsáveis por ferir e maltratar a Terra. Tal é a gravidade desse abuso ecológico que, como escreveu Francisco, "a Terra, nossa casa, parece transformar-se cada vez mais num imenso depósito de lixo" (LS 21). O Ikpoba é uma lembrança sofrida de que a Terra está sofrendo, assim como milhões de seus pobres, mulheres e homens com reduzido acesso à água potável e segurança alimentar. Por toda África, diversos cursos d'água sofrem um destino semelhante: os rios Nairóbi, Níger, os lagos Vitória e Chade, numa lista que não para por aqui.

Quando o papa declara que estamos ferindo a Terra, não precisamos acreditar somente em sua palavra. Um estudo fundamental da Comissão Lancet sobre Poluição e Saúde descobriu que a poluição do ar, da água, do solo e nos lugares de trabalho é a maior causa ambiental de doença e morte nos dias de hoje, sendo responsável por estimadas nove milhões de mortes prematuras. A estatística de um óbito a cada seis pessoas ultrapassa o total de baixas provocadas pela AIDS, malária e tuberculose. A contaminação do ar e da água é a principal *causa mortis*, e não surpreende que a vasta maioria dos mortos relacionados à poluição seja de países pobres, muitos dos quais na África: no Chade e em Madagascar, a poluição responde por um quarto de todas as mortes, e com mais de 92%, a Somália lidera o ranking global de óbitos ligados à poluição[104].

O relatório Lancet também descobriu que, além do fardo das mortes, o custo econômico, especialmente para nações empobrecidas, já está na casa dos trilhões de dólares. A Terra padece sob o peso da poluição e já não pode mais suportá-lo, uma compreensão terrível que "ameaça a continuidade da sobrevivência das sociedades humanas". Não existe debate a respeito de quem é o culpado; *nós* somos o inimigo. "As atividades humanas, incluindo a industrialização, a urbanização

---

104. AS, P.; HORTON, R. Pollution, health, and the planet: time for decisive action. *The Lancet*. Disponível em: http://www.thalancet.com/journals/lancet/article/ PIIS0140-6736(17)32588-6/fulltext.

e a globalização, são todas agentes da poluição"[105]. Estamos ferindo a Terra e a nós mesmos.

O Papa Francisco também observou que "se quisermos, de verdade, construir uma ecologia que nos permita reparar tudo o que temos destruído, então nenhum ramo das ciências e nenhuma forma de sabedoria pode ser transcurada, nem sequer a sabedoria religiosa com a sua linguagem própria" (LS 63). Sim, a tarefa de sarar a Terra vai muito além de qualquer disciplina; ela precisa conectar os domínios da ciência, da espiritualidade e da ética. Além disso, Wangari Maathai propôs a noção de que o compromisso ecológico é um "comprometimento com o servir" que se manifesta em "cuidar da Terra"[106] e assinala possibilidades para a cura do planeta e da humanidade. Da mesma forma, a sabedoria da Religião Africana tradicional, há muito aviltada e desprezada como animista, oferece recursos para o cultivo de saudáveis virtudes ecológicas para estimular um renovado envolvimento com a responsabilidade compartilhada da humanidade em cuidar de nossa casa comum.

5.3 Animismo criativo

A sabedoria da Religião Africana tradicional situa-se à parte das abordagens dominantes das tradições judaico-cristãs, mas também as complementa. Um seu princípio primeiro é que a Terra, nossa mãe, resulta de um ato intencional de um agente que está profundamente envolvido e inserido no processo de criação do mundo e dos seres humanos. Como já observei, as tradições religiosas africanas permitem múltiplos agentes criativos com alguma atuação em papéis de agentes intermediários

---

105. Ibid.

106. MAATHAI, W. *Replenishing the Earth*. Op. cit., p. 164.

ou secundários que, efetivamente, completam o processo criativo, um fato que destaca a relação entre os assim chamados deuses e deusas "secundários", "menores" ou "econômicos", e o "Ser Supremo".

Em segundo lugar, apesar da impressão que temos, oriunda das narrativas da criação da tradição judaico-cristã, as reivindicações de "domínio" ou "subjugação" da Terra não são nem absolutas nem unilaterais. Positivamente construídas, reivindicações como essas implicam um dever de cuidar, usualmente exercido como uma forma de "manejo", mas ainda que tal coisa possa soar positiva aos ouvidos da tradição judaico-cristã, não deixa de parecer ser uma realidade unidirecional, que flui dos seres humanos em direção às demais criaturas. Em outras palavras, supõe que os outros organismos, ou constituintes da natureza, não têm qualquer forma de manejo recíproco ou equivalente em relação aos humanos. E nisso reside uma diferença crítica: a Religião Africana enfatiza a mutualidade e a interdependência subjacentes à comunhão e à solidariedade entre os seres humanos e o resto da criação. E isso é fundamental.

Terceiro, esta Terra é o sujeito de uma renovação contínua no tempo e no espaço: a criação não foi um ato definitivo sequestrado num passado histórico impenetrável e irrecuperável, mas sim uma empresa em constante consumação, mutualidade e reciprocidade. O foco recai menos sobre como a Terra surgiu, e mais sobre como ela se mantém e se sustenta, como sobrevive. O plano pode dar errado, os seres humanos podem maltratar a Terra, como demonstram a história do Ikpoba e o relatório Lancet, mas, inversamente, os seres humanos também podem traçar um curso diferente, que cuide e proteja a Mãe Terra.

Em quarto lugar, o dever e a responsabilidade de sarar, reabastecer e renovar a Terra é uma experiência comunitária.

Essencial ao meu argumento é a convicção de que curar a Terra é, fundamentalmente, sobre curar a humanidade. O modo como a tratamos é uma medida acurada de como tratamos a nós mesmos. Qualquer ferida infligida à natureza o é, igualmente, a nós – uma dimensão fundamental da presente crise ecológica. Sarar a Terra nos coloca em um caminho na direção à sobrevivência, à salvação da humanidade, em direção a sarar-nos a nós mesmos.

Acredito que a imaginação religiosa corporificada na Religião Africana seja capaz de oferecer uma contribuição ímpar à nossa responsabilidade planetária conjunta. Num tempo em que "salvar o planeta" e "sarar a Terra" dominam o discurso global sobre sustentabilidade, aquecimento global e integridade ecológica, esses quatro princípios podem ajudar a cultivar propícias e efetivas virtudes ecológicas.

5.4 Gratidão ecológica

Como já observei anteriormente, a Cristandade missionária e o discurso intelectual de certa propensão ideológica difamaram a Religião Africana e permanecem retratando-a como animista, com todas as conotações degradantes que o termo implica. A julgar pela minha experiência como devoto da Religião Africana, e pela compreensão que tenho dela a partir de uma perspectiva teológica, em seu sentido mais verdadeiro, o animismo representa um processo criativo de completude e solidariedade ecológicos.

Animista, olho para as árvores, para os arbustos, para toda sorte de vegetação como recursos para "sarar a nós mesmos e ao mundo", tomando emprestado o título do livro de Wangari Maathai. A primeira, e frequentemente única, forma de remédios usados pela minha família era erval, feitos de misturas,

146

soluções, raízes, cascas de árvore, folhas, unguentos, pomadas, entre outros medicamentos originários de subprodutos e órgãos de animais e plantas, e usados para a maior parte das doenças que não estivessem diretamente relacionadas à maldade humana e a ações espirituais.

A raiz dessa atitude reside na crença de que *a pessoa humana e o cosmos têm uma conexão vital*, e que ambos influenciam e dependem um do outro. Nas palavras do teólogo congolês Bénézet Bujo, "só é possível salvar-se salvando também o cosmos"[107]. Maathai articula um componente-chave dessas virtudes ecológicas, tais como a gratidão e o respeito pelos recursos da Terra – "a gratidão que devemos sentir *por aquilo que a Terra nos dá*"[108] – palavras essas que nos ajudam a começar a perceber o sentido dessa crença na mutualidade, reciprocidade e interdependência. Gratidão por aquilo que a Terra nos dá é congênere à gratidão por aquilo que uma mãe dá ao seu filho, e como diz um provérbio africano, "uma criança jamais poderá pagar o leite de sua mãe".

Minha experiência com a Religião Africana me diz que sua abordagem *vis a vis* a ecologia ambiental não é meramente teorética: junto com sua tradição de consciência espiritual ela infunde toda criação, transforma-a em uma realidade sacramental. Como diz Bujo, a criação é vivida e reverenciada como uma revelação do Deus que triunfa sobre a morte para salvar tanto a humanidade quanto o cosmos[109]. A resultante é um imperativo moral, ou dever de cuidar da nossa casa comum.

---

107. BUJO, B. *The ethical dimension of community: The African model and the dialogue between North and South*. Nairobi: Paulines, 1998, p. 10.

108. MAATHAI, W. *Replenishing the Earth*. Op. cit., p. 10 (grifo nosso).

109. BUJO, B. *The ethical dimension of Community*. Op. cit., p. 209-212.

Em seu sentido verdadeiro, o animismo evita qualquer exploração da natureza; pelo contrário, demonstra que dela "cuida, pois o meio ambiente afeta a qualidade de nossa relação com Deus, com outros seres humanos e com a própria criação. Ele toca nossa fé e nosso amor por Deus"[110]. Sob tal entendimento, a vida representa uma realidade expansiva e contínua, constituída não somente pelos vivos, mas incluindo também os ancestrais e os ainda não nascidos – em poucas palavras, todos os constituintes da natureza.

Minha criação animista resultou naquilo que chamo percepção holística do universo. O bem-estar é concebido como harmonia e integração entre os quatro irmãos ecológicos – o eu, os outros, o mundo espiritual e a natureza – e tem um princípio fundamental que, conforme formulado por Maathai, é "o amor pelo meio-ambiente", que exige não apenas a tomada de ações positivas em prol da Terra", mas também que seja demonstrável como um modo de vida solidário, expresso em tempos de aflição ou fúria.

> Se amamos o meio-ambiente, precisamos nos identificar com a árvore que é cortada, bem como com o humano e outras comunidades que estão morrendo porque sua Terra já não as sustenta. Temos que expressar nossa tristeza pelas paisagens destruídas, enfurecer-nos quando tomamos notícia de mais uma espécie ameaçada graças à atividade humana ou vemos um rio ou aterro poluído[111].

---

110. XXXV Congregação Geral da Sociedade de Jesus, Decreto III, n. 32, 7 jan. - 6 mar. 2008.

111. MAATHAI, W. *Replenishing the Earth*. Op. cit., p. 101-102.

Harmonia e integração são epítomes de uma humanidade saudável e de um universo saudável, algo que a antropóloga sul-africana Harriet Ngubane resume da seguinte forma: "pois um zulu (leia-se africano) concebe a boa saúde não somente como um corpo são, mas sim como a situação sã de tudo aquilo que lhe diz respeito. A boa saúde significa trabalho harmonioso e coordenação com seu universo"[112].

Em suma, sob a perspectiva das tradições africanas de espiritualidade, *ecologia* significa mais do que um ambiente físico de organismos e objetos inanimados; em um nível bem mais profundo, constitui um universo de sentidos espirituais e imperativos éticos. No capítulo 1 usei o termo "etnosfera" para enfatizar a importância de olhar para além dos domínios materiais, científicos e técnicos – até as fontes mais profundas de garantias éticas e lógica espiritual – com vistas ao desenvolvimento sustentável e a harmonia ecológica. Em essência, portanto, desde a perspectiva de um animista, o sentido do *eu* de um indivíduo está intimamente vinculado à sua relação com esse universo; sendo assim, a preocupação ecológica não pode jamais ser vista como um tema frio, afastado. A Terra existe como um presente que há de ser recebido e nutrido com gratidão, e quando o Papa Francisco declarou o cuidado com a nossa casa comum um trabalho de misericórdia, este esforço implicava "a grata contemplação do mundo" (LS 214) que nos permite "descobrir qualquer ensinamento que Deus nos quer transmitir por meio de cada coisa, porque, 'para o crente, contemplar a criação significa também escutar uma mensagem, ouvir uma voz paradoxal e silenciosa'" (LS 85).

---

112. NGUBANE, H. *Body and Mind in Zulu Medicine: An Ethnography of Health and Disease in Nyuswa-Zulu Thought and Practice*. Londres: Academic Press, 1977, p. 27-28.

Não surpreende, portanto, que nas tradições religiosas africanas a reverência e a proteção ao meio-ambiente não sejam opcionais. Antes, sarar a Terra é uma experiência religiosa e um imperativo moral, e restaurar a harmonia entre humanidade e natureza, uma vivência de completude mutuamente benéfica.

O sistema de crenças e as práticas religiosas em partes da África demonstram por que essa reverência é tão arraigada, por que se adentra nas sensibilidades religiosas mesmo nos cristãos ou muçulmanos mais convictos do continente. Como explicar a resiliência do sentido de um universo vivo e moral no interior da espiritualidade africana? Primeiro, como deve estar evidente a essa altura, a crença de que o universo natural é tanto a origem da vida quanto a fonte que o mantém é forte. Consideremos o relato que se segue, no qual Maathai escreve sobre o Monte Quênia:

> Para os quicuios[113], o Monte Quênia, conhecido como Kirinyaga, Lugar de Brilho, o segundo pico mais alto da África, era um lugar sagrado. Tudo de bom vinha dele: chuvas abundantes, rios, riachos, água potável. Estivessem orando, enterrando seus mortos ou fazendo sacrifícios, os quicuios voltavam-se para a montanha, e quando construíam suas casas, faziam questão de que as portas se estivessem em sua direção. Enquanto a montanha estivesse lá, o povo acreditava que Deus estava com ele, e nada lhes faltaria. As nuvens que frequentemente envolviam o Monte Quênia eram, amiúde, seguidas de chuvas, e enquanto a chuva caísse, o povo teria mais comida do que o necessário, muito gado e paz"[114].

---

113. Ou *Kikuyus* [N.T.].

114. MAATHAI, W. *Unbowed; One Woman's Story.* Londres: Heinemann, 2006, p. 5.

A triste realidade é que a descrição nostálgica de Maathau, como as lágrimas de Ikpoba reduzidas a um córrego com o passar dos séculos, é também uma narrativa dos efeitos devastadores da desumanidade humana para com a Mãe Terra. A realidade atual de geleiras derretendo, rios secando e estiagens, está muito longe do retrato idílico da vida no sopé do Monte Quênia.

Um segundo fator para a resiliência da sensibilidade ecológica africana é o entendimento generalizado de que a natureza provê os materiais necessários ao reparo e restauro da vida em seus momentos mais delicados, de sofrimento ou de enfermidade. E não são apenas os humanos que exercitam o dever do cuidado em relação à criação, mas igualmente a criação quem retribui, pela virtude "daquilo que a Terra nos dá" para remediar as disfunções, sejam elas individuais ou coletivas. O dever do cuidado ecológico não é unidirecional; não são os seres humanos que tomam conta da criação, da natureza ou da Terra como administradores descerebrados e desinteressados; este dever, na verdade, consiste em um pacto mútuo: a criação, a Terra ou a natureza, revezam-se no cuidado com todas as formas de vida. No livro *Theology brewed in na African pot*[115], dou o seguinte exemplo de como a natureza providencia elementos para reparar um ser humano vulnerável e sofrido: em *O mundo se despedaça*[116], quando a filha mais nova de Okonkwo, Ekwefi, cai doente no meio da noite, ele imediatamente "pegou seu facão e saiu para o mato, a fim de apanhar as folhas, ervas e cascas de árvore que serviriam para o preparo da mezinha contra a *iba* (malária)"[117]. Meus pais te-

---

115. Em uma tradução livre: porque o livro não foi lançado no Brasil. "Teologia cozida em uma panela africana" [N.T.].

116. ACHEBE, C. *O mundo se despedaça*. Op. cit., p. 64-65.

117. OROBATOR, A.E. *Theology brewed in na African pot*. Maryknoll: Orbis Books, 2008, p. 145.

riam feito a mesma coisa sempre que um filho aparecesse com febre, malária, gripe ou outra doença qualquer.

Historietas como essas podem ser entendidas simplesmente como manifestações da "crença nos espíritos" habitantes dos objetos naturais – magia ou superstição, em outras palavras – e é fácil desprezar tais práticas como misteriosas, ultrapassadas ou animistas. Não obstante, especialistas que trabalham no campo da farmacologia e estudam remédios derivados de fontes naturais, como as plantas, têm provas científicas da potência de algumas delas como medicamentos para doenças diversas.

Por exemplo, dois dos tratamentos mais efetivos para a malária, por exemplo, o pior inimigo transmitido por insetos que a África conhece, são a artemísia e o neem[118]. Em minhas múltiplas jornadas e viagens por todo continente, sempre levo comigo um remédio contra a malária baseado na artemísia. E um artigo sobre a prevenção à doença, que apontava a eficácia do neem em atingir as larvas de uma particular espécie transmissora da doença, o mosquito-prego, concluiu: "o óleo de neem tem boas propriedades larvicidas em relação ao *An. gambiae s.s.,* e são necessárias baixas concentrações do produto para suprimir a bem-sucedida eclosão dos adultos. Levando-se em conta a vasta distribuição e a disponibilidade dessa árvore e dos seus produtos ao longo do litoral da África oriental, ela poderá se provar uma alternativa barata e acessível aos larvicidas convencionais"[119].

---

118. *Azadirachta indica* [N.T.].

119. OKUMU, F.O. Larvicidal effects of a neem (Azadirachta indica) oil formulation on the malária vector Anopheles gambiae. *Malária Journal.* Disponível em: http://www.malariajournal.com/content/6/1/63. Acesso: 22 out. 2022.

Tenho plena convicção de que essa espiritualidade da interdependência e da mutualidade oferece ao cristianismo e à comunidade global uma ferramenta a mais para proclamar as virtudes do cuidado, da vida simples, da reverência e de uma relação de aliança com nosso meio-ambiente. Essa mutualidade poder servir como um antídoto potente para aquilo que Francisco chama de "exploração selvagem da natureza" (LS 67).

5.5 Ecologia como completude da vida

O propósito central das abluções regulares com água do quarto da cura, como descrevi no capítulo 1, era fortificar nossos corpos e espíritos contra o mal e as doenças. Em termos simples, uma forma de defesa e proteção da vida. Na tradição da fé de meu pai e do espírito de minha mãe, os fundamentos e objetivos do nosso modo de ser, africanos que somos, podem ser resumidos sob o dístico "vida". Como observou Bujo, os sistemas culturais na África florescem na ideia de que "o fortalecimento e o crescimento da vida são os critérios fundamentais" para determinar a qualidade ética da humanidade, seja como indivíduos ou como povo[120]. De modo semelhante, segundo Magesa:

> Tudo é percebido com referência [à vida]. Não é de se estranhar, portanto, que os africanos sejam rápidos em tirar conclusões éticas sobre palavras e atos dos seres humanos, ou mesmo de eventos cosmológicos "naturais", questionando-lhes assim: essa dada ocorrência promove a vida? Se sim é boa, justa, ética, desejável, divina. Ou por outra, ela diminui a vida de alguma forma? Se a

---

120. BUJO, B. *The ethical dimension of Community.* Op. cit., p. 27.

resposta for positiva é errada, má, antiética, injusta, detestável[121].

Ao longo do multifacetado panorama da África, a imaginação espiritual e religiosa do continente gira em torno da compreensão de que fé, crença e prática significam salvação ou "preservação da vida humana e do seu 'poder' ou 'força'"[122].

Para chegar ao profundo entendimento deste princípio da vida, precisamos pensar nela como mais do que mera perpetuação biológica. Como já mencionei, para mim, um africano (ou animista), "vida" significa o supremo bem comum, o patrimônio compartilhado do grupo, o fardo do cuidado mútuo que a cada pessoa é dado suportar. É uma qualidade social, traduzida em um espaço sagrado ou uma herança ecológica que inclui o direito à vida e os direitos fundamentais de cada membro, especialmente os pobres e os necessitados.

A "vida" reúne o universo das plantas, animais e natureza. É a garantia da completude e da harmonia universal dentro e entre os reinos material e espiritual. Implica, além disso, em um dever incondicional, ou responsabilidade, à ação – em outras palavras, como seres humanos temos um imperativo moral em relação àquilo que Maathai chama de "automelhoramento", a "crença de que é possível melhorar a vida e as circunstâncias mesmas – e a própria Terra"[123]. Ser moralmente correto é agir deliberadamente em favor da vida humana em todas as suas dimensões, uma visão de mundo espiritual e religiosa cuja epítome se alinha perfeitamente à ideia do Papa Francisco: "Não há ecologia sem uma adequada antropologia. Quando a pessoa

---

121. MAGESA, L. *African Religion: The Moral Traditions of Abundant Life.* Maryknoll: Orbis Books, 1997, p. 77.

122. Ibid.

123. MAATHAI, W. *Replenishing the Earth.* Op. cit., p. 135.

humana é considerada apenas mais um ser entre outros, que provém de jogos do acaso ou dum determinismo físico, 'corre o risco de atenuar-se, nas consciências, a noção da responsabilidade'" (LS 118). Essa relação entre natureza e humanidade é vital. O que afeta à primeira, afeta à segunda. Aquilo que fazemos à Terra, fazemos a nós mesmos e aos demais. Salvar uma implica salvar a outra.

Os destinos da humanidade e da Terra estão inscritos no mesmo livro ecológico, e da maneira como vejo, as tradições religiosas africanas mesclam-se bem à noção fundamental a que Bento XVI chamou de "o livro da natureza", São Francisco de Assis de "livro magnífico" (LS 12) e o Papa Francisco de "livro precioso" de Deus.

Vale a pena citar um fato algo perturbador que se conecta ao princípio da vida como constitutiva da visão de mundo africana: precisamos ser cuidadosos ao romantizarmos esta predileção. O olhar atento para o continente hoje revela que não faltam instâncias nas quais todas as formas de vida parecem estar em risco, e elas ocorrem muito além das barrancas do Ikpoba. Na Líbia e na Somália, estados colapsados deixaram atrás de si uma trilha de ilegalidade, caos e violência que, diariamente, ferem as vidas das pessoas. A corrupção disseminada causa disfuncionalidade política, que também cobra seu preço em vidas humanas. A carência do acesso à saúde materno-infantil significa que muitos países africanos ainda ostentam taxas elevadas de mortalidade materna. E claro, africanos que planejam e executam atos terroristas contra civis inocentes não defendem o princípio de sacralidade da vida humana. Não é possível, simplesmente, desejar que tais realidades perturbadoras desapareçam, e embora defenda firmemente de que a vida é "fundamento e objetivo" da cultura e da espiritualidade da África, estou dolorosa e igualmente ciente dos defeitos culturais e societários que solapam e ameaçam a ecologia humana e ambiental.

A vida como fundamento e propósito da espiritualidade africana é parte de uma prerrogativa mais ampla da comunidade, ou família. O comunitário e a parentela são centrais à maneira como a maior parte dos africanos entende-se a si mesma como seres humanos em sociedade[124]. Conforme a perspectiva religiosa e cultural africana, "comunidade" define o espaço em que a pessoa humana está situada, onde luta, em cooperação com os demais membros da comunidade, por meio de ações pessoais para realizar seu potencial máximo. E porque a vida é pensada como um valor compartilhado, ou a quintessência do bem comum, ou seja, o espírito do *Ubuntu*, a espiritualidade africana acolhe a ampla participação de todos os membros na aposição dos critérios que determinarão o bem comum e julgarão as ações humanas.

Este foco na comunidade tem três dimensões. A primeira confere prioridade à pessoa humana como recipiente privilegiada e guardiã da dádiva da criação, destacando assim sua centralidade no âmbito da estrutura ecológica. A segunda considera a comunidade como o espaço privilegiado para a manifestação do sagrado, a celebração ritual e devocional em que os vivos e o mundo dos espíritos entrelaçam-se e interagem com vistas ao bem comum dos membros da comunidade. Privá-la dessa interação vital é fomentar sua potencial destruição, porque o mundo espiritual e o meio-ambiente natural são partes de um pacto ecológico vital. Terceira: a vida, como já mencionei, inclui nossos irmãos ecológicos e demais constituintes da natureza, de modo que a experiência da cura em

---

124. OBBONNAYA, A.O. *Communitarian Divinity: An African Interpretation of the Trinity*. Nova York: Paragon House, 1994, p. 14.

sua inteireza ocorre no bojo dessa estrutura comunitária mais abrangente.

A Religião Africana acredita que o reino do meio-ambiente natural é animado e habitado por uma multiplicidade de espíritos, mesmo que essas crenças que dão suporte ao respeito pela ecologia ambiental sejam prejudicialmente taxadas de "animismo" ou "paganismo". Termos pejorativos como estes ignoram o elemento crítico descrito por Bujo como "interdependências das forças" entre os seres humanos e o cosmos que permite a ambos influenciar-se e afetar-se mutuamente. Tal é a intensidade dessa conexão vital – "ecologia integral" (LS 137ss.), no dizer do Papa Francisco – que "só se pode salvar a si mesmo salvando o cosmos". As consequências dessa interdependência ecológica são consideráveis: para Francisco, o "ambiente humano e o ambiente natural degradam-se em conjunto; e não podemos enfrentar adequadamente a degradação ambiental, se não prestarmos atenção às causas que têm a ver com a degradação humana e social" (LS 48). Também Maathai oferece um corretivo à concepção errônea de que os seres humanos e o ambiente natural funcionam como dois polos opostos:

> A natureza não é algo afastado de nós, a que reagimos contra ou a favor. Não é um lugar que tememos como se, lá dentro, pudéssemos perder nossa humanidade ou, pelo contrário, resgatar perspectiva e simplicidade, longe da corrupção e da traição da nossa corte ou da nossa cidade. É, em verdade, é algo em cujo interior os seres humanos estão envolvidos[125].

Essa compreensão da ecologia, humana e ambiental, ressoa a singular espiritualidade africana, sua abordagem perante

---

125. MAATHAI, W. *Replenishing the Earth*. Op. cit., p. 43.

a criação, na qual esta última adquire a dimensão sacramental de um texto escrito em todos os cantos com as ações de um Deus que triunfa sobre a morte para salvar tanto a humanidade quanto o cosmos. Devoção, louvor e celebração, na Religião Africana, são ricos em ritos e rituais dirigidos à natureza como fonte e inspiração para a ação litúrgica[126].

Esse imperativo ético-espiritual de reverência pela natureza, seja ela humana ou ambiental, contém um lembrete poderoso de que o dever de proteger e preservar a "ecologia ambiental" e a "ecologia humana" origina-se de sua constituição "não só de matéria, mas também de espírito" (CV 48), algo que um animista certamente compreenderia e claramente celebraria. Nessa análise final, esse entendimento vem afastar quaisquer tendências de depreciar a Religião Africana caracterizando-a como animista ou pagã. Ela converge com o cristianismo ao reconhecer a criação como um dom, concedido livremente para nosso uso responsável e indicando uma responsabilidade com cuidado piedoso e zelo devoto.

5.6 Ecologia como aliança

Múltiplos esforços globais buscam reparar as diversas formas de devastação do ambiente natural. Eles ganhariam em efetividade se se fundamentassem em, ou, pelo menos, se estivessem abertos a, uma premissa que não fosse exclusivamente tecnológica. Concordo com os papas Bento XVI e Francisco, a religião importa, a fé importa, e não digo isso, primordialmente, no sentido da afiliação organizada e da prática, mas sim por aquilo em que as pessoas acreditam, a respeito de si mesmas e do meio-ambiente. A ciência e a tecnologia têm importantes

---

126. BUJO, B. *The ethical dimension of community.* Op. cit., p. 208-225.

papéis a cumprir quanto à compreensão e à formulação de respostas para a crise ecológica que confronta a humanidade neste século XXI, mas a espiritualidade e a ética têm tarefas igualmente significativas na empresa ecológica de sarar a Terra, pois "não se pode propor uma relação com o ambiente prescindindo da relação com as outras pessoas e com Deus. Seria um individualismo romântico disfarçado de beleza ecológica e um confinamento asfixiante na imanência" (LS 119).

Na raiz da indiferença às questões ecológicas jaz um certo entendimento distorcido da fé e crença que contribui para a perda do sentido de deslumbramento e respeito pela natureza, uma ênfase na dimensão da fé com que Maathai parece concordar:

> Quando missionários europeus vieram às terras altas centrais em finais do século XIX, ensinaram à gente local que Deus não vivia no Monte Quênia, mas sim no céu, um lugar acima das nuvens [...] Os missionários foram seguidos por comerciantes e administradores, que introduziram novos métodos de exploração dos nossos recursos naturais: desmatamento, corte de florestas nativas, plantações de árvores introduzidas, caça à vida selvagem, agricultura em larga escala. Espaços sagrados perderam sua intocabilidade e foram explorados, enquanto a gente local tornou-se insensível à destruição, aceitando-a como um símbolo do progresso"[127].

O que está em jogo aqui é algo possivelmente mais profundo, além daquilo que a tecnologia pode, sozinha, lidar ou resolver; trata-se de recuperar e apreciar a conexão vital entre a

---

127. MAATHAI, W. *Unbowed: a memoir*. Nova York: Anchor Books, 2016, p. 5-6.

vida humana e o universo que a mantém, circunda e acomoda. Tal conexão é fundamental para a sobrevivência do universo, incluída a espécie humana, aspecto esse a que Bento XVI se referiu ao abordar o papel da tecnologia:

> Há que revisarmos inteiramente nossa abordagem em relação à natureza. Ela não é um simples espaço utilitário ou recreativo, mas sim o lugar onde o homem nasceu, seu "lar", por assim dizer. É essencial para nós. Uma mudança de mentalidade nesse campo, mesmo com as contradições que implica, precisa tornar possível a rápida chegada a um estilo de vida global que respeite a aliança entre a humanidade e a natureza, sem a qual a família humana corre o risco de desaparecer. Logo, é preciso refletir seriamente para que sejam propostas soluções precisas e viáveis[128].

Tanto Bento XVI quanto Francisco usam em seus escritos a palavra "aliança", um termo poderoso, rico e evocativo, que captura a conexão vital entre a humanidade e a natureza. É importante explorar suas diversas dimensões e como ele esclarece os pontos centrais desse capítulo:

• *Mutualidade e solidariedade.* "Aliança" pressupõe mutualidade, um interesse comum entre humanidade e natureza. Não se trata de um pacto impessoal: é profundamente interpessoal e eminentemente relacional, significando que estamos em uma associação coletiva e individual com a natureza e o meio-ambiente, e o que nos afeta também o afeta, e vice-versa. Concordo com o teólogo africano Peter Knox quando diz: "sem enveredar por uma abordagem mística,

---

128. BENTO XVI. *Technology should help nature develop along the lines envisioned by the Creator.* Disponível em: http://zenit.org/articles/green-pope-reiterates-call-for-human-ecology/. Acesso: 22 out. 2022.

um primeiro passo em direção à salvação do nosso planeta precisa ser o desenvolvimento de um sentimento de parentesco pelo planeta e cada um dos seus habitantes"[129]. Como em qualquer laço pactual, a mutualidade é intensamente afetiva e emocionalmente engajada. Somos todos irmãos e irmãs ecológicos.

• *Durabilidade.* Alianças são estabelecidas para durar, e não estão sujeitas a mudanças conforme os humores dos seus integrantes. Sendo mais preciso, elas incluem o tempo de vida dos interesses de seus integrantes. Se a humanidade está em uma aliança com a natureza, ela é permanente para toda vida – tanto no sentido de "vitalidade" quanto no de "perpetuidade".

• *Corresponsabilidade.* Para que uma aliança "funcione", é preciso que ambas as partes assumam responsabilidades e funções claramente definidas, bem como tarefas mesuráveis e verificáveis. A aliança compromete seus integrantes a trabalharem juntos em algo que não é responsabilidade de um único lado. Na aliança da humanidade com a natureza, a primeira honra, protege e reverencia a segunda, enquanto esta, por sua vez, sustenta a outra em uma variedade de formas.

• *Comunicação.* Junto a essa ideia de relacionalidade vem a noção da comunicação: comunicamo-nos com a natureza, e ela conosco, mas isso não tem nada a ver com a mania de "abraçar as árvores" dos naturalistas. O ponto fulcral é que nosso ambiente é uma extensão dos nossos eus mais profundos, e entendermo-nos é entendê-lo – ou nas palavras de Maathai, a natureza "é algo em que os seres humanos estão envoltos". Ela, claro, não fala, mas é capaz de

---

129. KNOX, P. Laudato Si', planetary boundaries, and Africa: Saving the planet. In: OROBATOR, A.E. (org.). *The Church we want.* Op. cit., p. 237.

se manifestar em maneiras indiciárias do estado da saúde planetária e de nossa aliança com a Terra. Desse modo, padrões climáticos extremos ou irregulares que levam a secas ou enchentes; desertificação como consequência do desmatamento; degelo das calotas polares provocado pelo aquecimento global (em si mesmo resultado do efeito estufa causado pela emissão de gases): tudo isso são formas da "natureza falante" que chama a humanidade a levar a sério o imperativo de sarar a Terra e a nós mesmos.

Ao longo deste capítulo (e, de resto, do livro) teci uma narrativa pessoal sobre a consciência religiosa, as crenças e as práticas de origem africana para fundamentar a minha exploração da Religião Africana e da nossa crise ecológica. Meu intuito ao fazê-lo foi demonstrar que, lado a lado com a estrutura científico-tecnológica, as tradições religiosas africanas oferecem uma espiritualidade robusta, necessária ao cultivo das virtudes ecológicas exigidas e à concretização do objetivo de "salvar o planeta" e "sarar a Terra". Minha experiência alimenta minha convicção sobre a capacidade das tradições religiosas e espirituais da África de prover meios de renovação para a humanidade como um todo, e de ajudar na cura daquilo que Wangari Maathai chama de "profundas feridas ecológicas visíveis no mundo inteiro"[130].

Esses valores espirituais da tradição africana da vida abundante incluem respeito, reverência, empatia, solidariedade, mutualidade, reciprocidade, interdependência, generosidade, gratidão e compaixão, valores esses que talvez fiquem mais bem esclarecidos por meio de alguns exemplos.

---

130. MAATHAI, W. *Replenishing the Earth*. Op. cit., p. 43.

Considere-se, por exemplo, um pai ou uma mãe que vai à floresta coletar ervas e cascas de árvores para preparar um medicamento curativo para uma criança doente. Antes de empunhar a machadinha, ele expressa sua contrição pelo dano a ser causado e implora às plantas por um resultado eficiente. Ou um caçador que se desculpa com a caça que acabou de capturar e explica o porquê de ele precisar da comida para que ele e a família sobrevivam. Ou então um fabricante de tambores que faz uma oferenda ritual a uma árvore e lhe explica os propósitos de sua queda, que não se trata de uma ação impensada ou insensível porque o instrumento que será feito trará alegria para o povo e louvação aos deuses e deusas.

O exemplo mais tocante dessa aliança ecológica é a prática encontrada em algumas culturas de plantar uma árvore para cada nascimento, e outra para quando enterra-se a placenta. A criança cresce com um sentido de reverência, desenvolve um laço profundo e vital com suas árvores, nutridas pela Mãe Terra da mesma forma que ela mesma e seus irmãos. Todos esses exemplos trazem em si significativa gravidade moral, ou como escreveu Maathai:

> Estes valores espirituais, mais do que ciência e dados, podem ser a base para uma verdadeira parceria [entre a natureza e] nossos líderes para a obtenção de seus objetivos supremos e evitar os cataclismos das calotas polares derretendo, do desaparecimento do *permafrost* e das geleiras, do desmatamento, das chuvas erráticas e insuficientes, das secas prolongadas, de rios e lagos secos, das paisagens estorricadas, dos animais extintos, e das grandes populações confrontadas com doenças associadas à desnutrição"[131].

---

131. Ibid., p. 172.

Ao meu ver, há quatro pontos relevantes à expansão do nosso conceito do imperativo ético para sarar a Terra e a nós mesmos nesta era de crise ecológica:

- *A afirmação da conexão vital entre humanos e a ecologia ambiental*: o destino de uns está ligado ao da outra, e tal e qual a galinha, devemos ter uma enxaqueca quando testemunhamos a desgraça ecológica do nosso tempo.

- *A restauração da harmonia ou do equilíbrio na criação*: "harmonia" e "equilíbrio" oferecem a imagem da cura e da salvação em tempos de aquecimento global e mudança climática. Podemos pensar, por exemplo, no pacto climático global para segurar o crescimento da temperatura média mundial bem abaixo dos 2° Celsius acima dos níveis pré-industriais, e envidar esforços para limitar o aumento de temperatura a 1,5° Celsius acima dos níveis pós-industriais.

- *A compreensão holística da ecologia humana e ambiental*: cura e salvação são experiências inclusivas; nada pode ser deixado de lado ou abandonado.

- *A permanente aliança, ou comunhão, entre humanidade natureza*: a tarefa que somos chamados a assumir pelo destino da Terra e da nossa salvação é uma experiência contínua, relacional e comunitária.

Creio firmemente que tais valores da espiritualidade africana oferecem uma fonte única para um mundo em busca de renovação e sentido capazes de animar e soprar fôlego novo à vida cotidiana. Eles incluem uma atitude de reverência às ecologias, a humana como a natural; um sentido espiritual de comunidade; um entendimento expansivo, inclusivo, da vida; uma compreensão holística da criação e uma responsabilidade compartilhada pelo cuidado do bem-estar do universo.

Por fim, como já observei, não pretendo afirmar que a Religião Africana e a espiritualidade que a acompanha delineiem um terreno imaculado de harmonia e paz. Minha proposição é mais modesta, advinda da perspectiva de um animista que confronta a ameaça que a mudança climática apresenta voltando sua atenção aos valores, princípios e virtudes cultivados nesta espiritualidade, neste modo de ser e estar no universo, elaborado não apenas como matéria, mas eminentemente como espírito. Esse modo de ver a realidade nos chama à cidadania ecológica responsável e nos torna em irmãos ecológicos de toda natureza. Cidadania demanda, e impõe, deveres e responsabilidades, amiúdes assumidos a contragosto e em termos impessoais. A noção de irmandade ecológica torna-as pessoais, implica um laço duradouro de relações interpessoais, mutualidade e interdependência. Jamais estamos sozinhos.

6
A espinha dorsal da Igreja, ou a retórica de gênero

> *As mulheres não são o problema, são a solução.*
> Nicholas D. Kristof e Sheryl WuDunn

> *Pássaro com uma asa só não voa.*
> Provérbio africano

Como se costuma fazer ao fim dos sínodos, os bispos católicos da África proferiram uma série de exortações para marcar a conclusão do Segundo Sínodo Africano em 2009. Sua exortação às mulheres começava com as seguintes palavras: "o sínodo tem uma palavra especialmente para vocês, mulheres católicas. Frequentemente, são vocês a espinha dorsal da Igreja local. Em muitos países, organizações de mulheres católicas são uma grande força para o apostolado da Igreja..."[132]. Estas palavras inspiradoras foram incorporadas à última exortação apostólica do Papa Bento XVI, *Africae Munus*: "Sois para as igrejas locais como que a 'espinha dorsal'" (AM 58). A versão oficial final substituiu "frequentemente" por "como que" e co-

---

132. BENTO XVI. *Mensagem do Sínodo* 25. Disponível em: http://www.vatican.va/roman_curia/synod/documents/rc_synod_doc_20091023_message-synod_en.htland

locou entre aspas a expressão espinha dorsal, mudanças essas que atiçaram minha curiosidade.

Como um falante não nativo do inglês, tive curiosidade em explorar a diferença entre "frequentemente" e "como que" nesse contexto. Teria sido uma questão estilística ou uma mudança substantiva? Segundo respeitáveis dicionários da língua inglesa, o advérbio "frequentemente" denota "muitas vezes, numerosas ocasiões, repetidamente, amiúde, em muitas instâncias", enquanto a expressão "como que" significa "de alguma forma", "até certo ponto", "expressando muitas vezes ambiguidade ou um adendo sem sentido". Além disso, ao colocar entre aspas o termo espinha dorsal, o autor deixou implícita sua dubiedade, algo chocante nesse contexto.

Alguns podem optar por ignorar esta escolha como uma questão menor, gramática ou estilística, mas eu a percebo sob uma óptica diversa. Nos interstícios que separam "frequentemente" de "como que", repousa o fenômeno recorrente do preconceito de gênero, insuflado por formas múltiplas, declaradas e subentendidas, de sexismo. As diferenças entre os dois termos apresentam questões atuais e urgentes: igualdade, direitos e dignidade das mulheres no interior da autocompreensão da comunidade chamada Igreja. Este fenômeno global é amplamente replicado e profundamente enraizado nas culturas e nas comunidades africanas.

Como descrito na exortação apostólica *Evangelii Gaudium*, o Papa Francisco reconheceu a inevitabilidade do confronto com esse fenômeno: as "reivindicações dos legítimos direitos das mulheres, a partir da firme convicção de que homens e mulheres têm a mesma dignidade, colocam à Igreja questões profundas que a desafiam e não se podem iludir superficialmente" (EG 104). Apesar dessa admissão sincera, no que tange às questões de direitos, igualdade e dignidade de gênero, seguidas vezes a Igreja tem se apropriado, negativamente, da pergunta de Jesus de Nazaré em Caná – "Mulher, isso compete a nós?" (Jo 2,4) – para respaldar uma eclesiologia exclusivista e reacionária.

Como a disse a raposa ao Pequeno Príncipe no clássico homônimo de Saint-Exupéry, "a linguagem é uma fonte de mal-entendidos"[133]. O intuito deste capítulo não é arrumar picuinhas vocabulares sem sentido, mas sim demonstrar como bem-entrincheirados conceitos patriarcais e androcêntricos não apenas neutralizam a retórica bem-intencionada, mas também disfarçam as ferramentas que marginalizam e excluem uma categoria de pessoas da vida e do ministério da Igreja. É algo que percebo como parte da continuada exploração das patologias da Cristandade na África do século XXI, e pretendo demonstrar o quanto o cristianismo tem a aprender com a Religião Africana no que diz respeito aos papéis e responsabilidades das mulheres.

Admito não ser realmente qualificado para defender esse ponto; afinal, como admitiu francamente o teólogo norte-americano James Keenan, sou membro permanente do clube clerical, "um mundo de homens no qual as mulheres não estão presentes"[134], e como tal, beneficiário de privilégios atribuídos e de direitos oferecidos por esse "mundo de homens". De onde eu falo, seria desonesto negar a existência residual e irrefletida de preconceitos de gênero, e por isso mesmo opto aqui por permanecer ao nível da palavra falada e tentar aferir sua credibilidade tendo por base a realidade de sua aplicação – ou a falta de. Faço-o como alguém que acredita sinceramente que a glória de Deus

---

133. SAINT-EXUPÉRY, A. *O Pequeno Príncipe*. Trad. Dom Marcos Barbosa. Rio de Janeiro: Agir, 1980, p. 71.

134. KEENAN, J. The Gallant: a feminist proposal. In: HOGAN, L.; OROBATOR, A.E. (orgs.) *Feminist Catholic theological ethics*: conversations in the world Church. Maryknoll: Orbis Books, 2014, p. 225.

é a humanidade completamente viva e desobstruída da discriminação ou da exclusão assentadas no gênero. Começo por examinar a questão a partir da autocompreensão teológica da Igreja na África, e minhas conclusões aplicam-se majoritariamente à situação do cristianismo naquele continente.

6.1 Números, palavras e mais além

Em anatomia, a espinha dorsal se refere à série de vértebras que se estende desde o crânio, por toda extensão da coluna. Ela é responsável por manter o corpo humano em pé. Metaforicamente, significa o apoio supremo de um sistema ou de uma organização, sem o que ruirá. Seus sinônimos incluem esteio, pedra angular, fundação, contraforte, pilar e bastião.

Documentos dos dois primeiros sínodos africanos aplicaram generosamente esta metáfora, ou suas variantes, ao papel e participação das mulheres na Igreja com base em sua grande presença numérica. A essa altura, meu sentimento em relação ao uso de argumentações numéricas para demonstrar e substanciar a saliência de qualquer grupo dentro da comunidade cristã, ou a importância da Igreja na África no contexto da Igreja universal, já deve estar bem claro para o leitor. Ainda assim, a superioridade numérica das mulheres no cristianismo africano é um fato. É inegável. O que me aborrece, porém, é o salto retórico da ocorrência estatística ao pronunciamento normativo, de modo que a mim me parece irrefutável que a contribuição das mulheres, ou o lugar que elas venham a ocupar na comunidade cristã, não pode ser reduzida a um mero peso demográfico ou denominador contábil. Considerações muito mais significativas decorrem da natureza da fé, da dignidade da pessoa humana e da inimitável qualidade dos dons, talentos e competências do povo de Deus, inobstante seu gênero.

O Primeiro Sínodo Africano, de 1994, introduziu uma questão fulcral concernente à natureza e identidade da missão da Igreja ao inquerir: "Igreja da África, o que deves tornar-te para que tua mensagem seja relevante e crível?" Ao propor tal questão, o sínodo apresentou como seu objetivo a tarefa de gerar um novo modelo eclesiástico, mais bem adaptado ao contexto do continente, e em resposta tomou "uma opção fundamental pela Igreja como família". A Igreja na África, afirmou o sínodo, entende a si mesma como uma família; e como tal "deveria prover a estrutura de nosso entendimento eclesial. O Segundo Sínodo Africano, de 2009, alargou ainda mais essa reflexão ao afirmar que a Igreja enquanto família existe para aprofundar a missão de reconciliação, justiça e paz.

Uma tal identificação é parte de uma demanda mais ampla a respeito da centralidade e da presença e participação das mulheres africanas. Pressupõe que a Igreja que se entende como família abre espaço para que todos os membros dessa família desempenhem diversos papéis. Mas como proferir uma tal declaração sem reconhecer o papel central das mulheres como ministras e líderes? A Igreja chamada família é, antes de mais nada, a família *dela*, ou como bem colocou a teóloga Tina Beattie, "não podemos 'ouvir' a voz de Deus a nos falar pelas escrituras e pela criação sem que ouçamos as vozes das mulheres feitas à sua imagem – incluindo aquelas que sofrem e labutam para dar vida, como faz o Deus da Bíblia"[135]. Mais adiante, Beattie acrescenta: "não é possível chegar a uma compreensão sábia da vida familiar, capaz de informar a prática pastoral e o desenvolvimento doutrinal, enquanto as mulheres, que em todas

---

135. BEATTIE, T. Maternal well-being in Sub-Saharan Africa: from silent suffering to human flourishing. In: OROBATOR, A.E. (org.). *The Church we want*. Op. cit., p. 176.

as culturas são as cuidadoras primárias e custódias da família, estiverem excluídas da discussão"[136].

Em muitos campos do ministério, as mulheres na África têm um notável *pedigree* de pioneiras, líderes e ministras, mas se permanecermos ao nível da retórica, podemos ser tentados a acreditar que tudo vai bem na Igreja da África, que declara, em uma oratória floreada, que "a mulher está no coração da família"; ou "a qualidade da nossa Igreja como família depende, igualmente, de nossas companheiras, sejam elas casadas ou membros de institutos da vida consagrada"; ou ainda, como já mencionado anteriormente, que elas são "a espinha dorsal e a estabilidade da [Igreja como] família". Embora tais afirmações sejam inegáveis, a realidade se apresenta, amiúde, diferente: muitas africanas, essencializadas e reificadas nessas falas, são igualmente expostas a formas variadas de discriminação dentro e fora da Igreja.

O que, então, declarações como essas verdadeiramente significam em termos de modelos e práticas de ministério, participação e colaboração suscitadas pelo Espírito no seio da Igreja – na África como no mundo? É difícil responder tal pergunta inequivocamente, mas resposta deve, ao menos, indicar que a qualidade da comunidade cristã e a credibilidade de sua proclamação estarão seriamente comprometidas se às mulheres for negada presença integral e equânime na vida da Igreja chamada família. Papéis iguais e integrais incluem, por exemplo, responsabilidade na tomada de decisões em todos os níveis da Igreja, liderança em todos os domínios da Igreja e da sociedade, e participação total no ministério.

---

136. Ibid., p. 177.

O que os dois sínodos dos bispos africanos parecem ter percebido é que afirmar a família como marca definidora da Igreja traz consequências. Uma afirmação como essa certamente nos desafia a transformar as imagens e práticas prevalentes na comunidade cristã de modo que venha a corporificar os valores familiares positivos. Um dos quais é a hospitalidade, sinal da inclusão, que pressupõe a acolhida incondicional a todos os membros do Corpo de Cristo – ou nas palavras do Papa Francisco, "a Igreja deve ser o lugar da misericórdia gratuita, onde todos possam sentir-se acolhidos, amados, perdoados e animados a viverem segundo a vida boa do Evangelho" (EG 114).

Apesar da proclamação inspiradora do papa, existem indícios de que nem todos são verdadeiramente bem-vindos na comunidade chamada Igreja: em que pese a enfática tentativa do Vaticano II de incutir a prioridade do batismo como critério fundamental de pertencimento eclesial e participação ministerial, a Igreja na África ainda lembra a *Societatis Inequalis* de Pio X (1835-1914) na qual os leigos, e especialmente as mulheres, permanecem sendo tratados como membros de segunda classe, ajudantes subalternas dos padres e bispos. Segue-se o testemunho registrado da superiora de uma congregação feminina na África ocidental:

> A atitude e o comportamento dos líderes eclesiásticos em relação às mulheres religiosas é, com frequência, tanto opressiva quanto desdenhosa. Há casos de apropriação direta das propriedades das congregações religiosas femininas. Em sua subordinação ao clero, este dita os termos e espera obediência inquestionada [...] Graças à busca por controle econômico, padres incompetentes são apontados como secretários hospitalares, administradores escolares e tesoureiros de institutos apostólicos diocesanos pertencentes a religio-

> sas. Os padres estão gradualmente abandonando a tarefa de pregar a palavra para assumir os ministérios das religiosas [...] Além disso, sua falta de educação para justiça fez delas [as religiosas] fonte de mão-de-obra barata para o clero e "empregadas domésticas, menos no nome".

Esse testemunho descreve uma realidade que parece distar anos-luz da grandiloquente afirmação da Igreja como família em que todos são bem-vindos, tendo por base a igualdade e a dignidade da pessoa humana. Mais: confirma o quão habilmente lideranças eclesiásticas são capazes de dirigir louvores vãos à dignidade e ao ministério femininos na Igreja, embora a interpretação inerentemente patriarcal das escrituras e a influência do clericalismo na teologia atribuam a elas papéis secundários e subordinados, especialmente na África. Evidências factuais sugerem que para enfrentar essa tendência algumas africanas integraram-se ou mesmo criaram novos movimentos religiosos, nos quais encontraram escape para seus carismas ministeriais, exercitando liderança litúrgica e autoridade eclesial, em especial no ministério da cura. Alguns exemplos incluem a bispa queniana Margaret Wanjiru, dos Ministérios Jesus is Alive; a arcebispa nigeriana Margaret Idahosa, da Igreja God Mission International; a apóstola nigeriana Eunice Gordon-Osagiede, da Igreja Spirit and Life Bible; e a reverenda ganense Vivian Sena Agyin-Asare, co-fundadora da Perez Chapel International.

6.2 Evolução e revolução

Os critérios para a ocupação espaços de liderança na tradição católica romana, bem como a reserva das ordenações aos membros masculinos, permanecem temas sensíveis, mas declará-los tabus aparenta ser um vestígio de um modelo ditatorial de governança que funciona expedindo editos, um estilo que ultimamente tem enfraquecido o corpo de Cristo e ameaça a realização total de sua missão evangelizadora.

O Segundo Sínodo Africano (2009) proferiu uma soberba afirmação referente ao *status* das mulheres na sociedade africana, observando que "infelizmente a evolução das mentalidades neste campo é excessivamente lenta" (AM 57), e:

> Se é inegável que, em alguns países africanos, realizaram-se progressos visando favorecer a promoção e a educação da mulher, no conjunto dos mesmos, porém, sua dignidade, seus direitos e também sua contribuição essencial para a família e a sociedade ainda não são plenamente reconhecidos nem avaliados. Assim, a promoção das jovens e das mulheres muitas vezes é menos favorecida do que a dos jovens e dos homens. São ainda demasiado numerosas as práticas que humilham as mulheres e as degradam em nome de antigas tradições (AM 56).

Ainda que a afirmação do Sínodo tenha centrado atenção nos tais "alguns países africanos", a sua verdade é inegável e confessa a credibilidade e a autenticidade das preocupações da Igreja com o sofrimento das mulheres. Não busco, com esse comentário, refutar essa preocupação. Pretendo, sim, chamar a atenção (sem solapar o papel ativo da Igreja no empoderamento feminino que ocorre em determinados contextos) ao perigo da retórica centrada em "alguns países africanos" que desvia o foco das deficiências e inadequações da própria Igreja. Como diriam os ingleses, "a caridade começa em casa".

Concordo com Emmanuel Katongole: "o maior desafio enfrentado pela Igreja não é meramente pastoral (se é capaz de reconhecer, afirmar e defender a dignidade das mulheres), mas sim eclesiológico, ou seja, se pode ser um espaço, uma comunidade na qual as mulheres se sintam particularmente em casa, e onde suas vozes e dons de liderança sejam bem-vindos e estimulados"[137]. Sua linha de pensamento coaduna-se à de Tina Beattie: palavras não criam realidades; uma conversação mais profunda é necessária à mudança e transformação da realidade.

A bem das coisas justas, o Segundo Sínodo Africano também admitiu as limitações e deficiências que comprometem a Igreja: "as mulheres prestam um grande contributo à família, à sociedade e à Igreja com os seus numerosos talentos e os seus dons insubstituíveis (AM 55), mas não só sua dignidade e contribuição não são reconhecidas e apreciadas de todo como são frequentemente privadas dos seus direitos"[138]. Em face dessa admissão, a questão que deveria nos preocupar é: por que isso é assim?

A autocompreensão retoricamente rebuscada da Igreja-como-família está repleta de termos atraentes, mas carece de qualquer realização concreta, algo que impõe um desafio e levanta questões significativas para a Igreja universal. Quão inclusiva é esta Igreja ao compreender, definir e atribuir papéis ministeriais e de liderança? Será que os valores que ela defende para a sociedade civil (tais como justiça, igualdade e equidade) estão sendo praticados na própria comunidade chamada Igreja? Há disposição para desapegar-se das normas doutrinais e teológicas pensadas para "manter as mulheres em seu lugar?"

---

137. KATONGOLE, E. The Church of the future: pressing moral issues from Ecclesia in Africa. In: OROBATOR, A.E. (org.). *The Church we want*. Op. cit., 172.

138. African Synod. Proposition, n. 47, 2009. Disponível em: http://www.vatican.va/roman_curia/synod/documents/rc_synod_doc_20091023_elenco-prop-finali_en.html. Acesso: 22 out. 2022.

A Igreja no sul global está propondo questões, e elas não são meras questões para a Igreja no norte global.

Com frequência ouvimos afirmações que tais questões não são relevantes para a Igreja na África porque lá, argumenta-se, existem assuntos mais urgentes. Refuto essa linha de pensamento, que nada mais faz além de colocar uma folhinha de parreira e exagerar a dita excepcionalidade prístina e a inocência da Igreja na África. Partindo de minha experiência como teólogo africano, sei que outros como eu estão perguntando as mesmas questões: a feminista marfinense Marguerite Akossi-Mvongo conclui assim sua pesquisa de opinião pública a respeito do ordenamento feminino:

> Como uma feminista que pesquisa questões de gênero, adoraria dizer que o acesso das mulheres a todos os ministérios, ou uma Igreja comandada por uma mulher, seria perfeito, mas tal coisa não resolveria todos os seus problemas, e o acesso feminino ao sacerdócio não alteraria fundamentalmente sua fé e sua dimensão espiritual. A missão fundamental de espalhar a mensagem de Cristo, seria possivelmente mais bem executada por sacerdotes femininas porque no estado atual das coisas, "grande é a messe, mas poucos são os operários" [Lc 10,2]. Penso que os verdadeiros obstáculos são de ordem prática, não espiritual. A ordenação de mulheres seria uma perturbação real e um desafio à estrutura temporal da Igreja, mas também uma oportunidade para corrigir certos assuntos que não refletem a face de Cristo. [Consequentemente] a Igreja que queremos estaria mais confortável quando falasse de direitos iguais para toda humanidade"[139].

---

139. AKOSSI-MVONGO, M. The Church we want; Ecclesia of women in Africa. In: OROBATOR, A.E. (org.). *The Church we want*. Op. cit., p. 250-251.

Por um lado, aqueles que argumentam que a ordenação feminina ao sacerdócio está longe de ser a questão mais urgente para a Igreja na África tem certa razão. Por outro, entretanto, a credibilidade dos argumentos contrários de que lançam mão está longe de ser provada. O acesso à saúde e à educação das meninas e mulheres africanas mais pobres são temas críticos, bem como a liberdade para exercerem seus direitos humanos e privilégios batismais de modo consciente e responsável – ou como diz um provérbio africano, "se um dedo toca o óleo, logo os demais estão sujos". Em outras palavras, todas essas questões são relevantes para as vidas das mulheres. Por tudo isso, considero relativamente perturbadora a terminologia política da prevaricação usada por alguns elementos da hierarquia africana, um problema situado com precisão por Tina Beattie: "os bispos que representam a África no sínodo, por exemplo, tendem a dourar as terríveis circunstâncias em que vivem as africanas pobres em seus países, no intuito de apresentar um front moral unificado perante as ditas questões decadentistas ocidentais, como os direitos reprodutivos das mulheres"[140]. Priorizar um "front moral unificado" sobre questões relativas a direitos humanos, dignidade, equidade e justiça me parece uma falsificação grosseira do evangelho da vida.

Uma área crítica na qual as mulheres têm sido, sem sombra de dúvida, a espinha dorsal da Igreja são as *Small Christian Communities* (SCCs)[141], especialmente na África oriental. Surgidas nos anos de 1970 como associações de vizinhos ou grupos cristãos sob os auspícios da Associação dos Membros

---

140. http://www.latimes.com/opinion/op-ed/la-oe-beattie-pope-francis-women-20150925-story.html

141. "Pequenas Comunidades Cristãs", equivalentes às Comunidades Eclesiais de Base. Disponível em: http://nafscc.org/what-are-sccs. Acesso: 5 mai. 2021 [N.T.].

da Conferência Episcopal da África Oriental (Amecea, Membral Episcopal Conferences of Eastern Africa[142]), que optou por desenvolvê-las como se fossem "igrejas locais", ação pioneira de uma nova realidade eclesiológica na região. Inicialmente pensadas para evangelizar e aculturar a Igreja na África, as SCCs se tornaram comunidades eclesiais alternativas, corrigindo o anonimato e a impessoalidade da estrutura de grandes paróquias.

Como Laurenti Magesa as descreveu, "as SCCs deveriam ser células nas quais a fé cristã seria intensamente vivida e compartilhada. Elas eram, de fato, vistas como a extensão eclesial da família africana estendida, ou clã"[143]. Frequentemente referidas em termos eclesiológicos como "a Igreja na vizinhança"[144], eram pequenas o suficiente para facilitar relações próximas, e significativas e flexivas o bastante para responder à variedade de questões sociais pertinentes no dia a dia dos cristãos. Para Joseph Healey, são como uma nova forma de ser Igreja e "Igreja em movimento" sob a inspiração do Espírito Santo[145].

---

142. Joseph Healey traça as origens das SCCs na África à emergência das Comunidades Eclesiais Vivas (Living Ecclesial Communities) no Zaire (atual República Democrática do Congo) em 1961. *In: Timeline in the History and Development of Small Christian Communities (SCCs) in Africa Especially Eastern Africa.* Disponível em: http://www.smallchristancommunities.org/africa/africa-continent-sccs-in-africa-especially-eastern-africa.html

143. MAGESA, L. *Anatomy of inculturation.* Op. cit., p. 43. • CIESLIKIEWICZ, C. Pastoral Involvement of Parish-Based SCCs in Dar es-Salaam. In: HEALEY, J.G.; HINTON, J. (orgs.). *Small Christian communities today*: capturing the new moment. Maryknoll: Orbis Books, 2005, p. 101.

144. MEJÍA, R. *The Church in the neighborhood: Meetings for the animation of small christian communities.* Nairóbi: St. Paul, 1992. • OMOLO, A. Small comunities light up neighborhoods in Kisumu. In: HEALEY, J.G.; HINTON, J. (orgs.). *Small Christian communities today: capturing the new moment.* Op. cit., p. 110-114.

145. HEALEY, J.; HINTON, J. Introduction: a second wind. In: HEALEY, J.G.; HINTON, J. (orgs.). *Small Christian communities today: capturing the new moment.* Op. cit., p. 4-6.

Numerosos estudos empíricos observaram a tendência das SCCs em atrair um público predominantemente feminino, não raro ignorando influentes membros masculinos da comunidade[146]. Ao escrever sobre sua presença em Dar es-Salaam, na Tanzânia, Christopher Cieslikiewicz notou que "um dos grandes desafios para as comunidades de hoje é conseguir envolver os homens na vida das SCCs [...] Já se percebeu que elas tendem a se tornar simples grupos de oração, nas quais a presença das mulheres é prevalente"[147]. Além do desequilíbrio de gênero, esse fenômeno destaca uma anomalia moral: dadas as culturas altamente patriarcais da África, em especial na África oriental, é difícil, quando não impossível, criar e manter uma Igreja cristã comunitária na qual mulheres assumam livremente posições de liderança, ou onde os homens estejam contentes em desempenhar atividades subsidiárias. Não é incomum que os poucos homens que participam das SCCs tendam a se apropriar "naturalmente" dos cargos de liderança na comunidade, enquanto as mulheres, em contrapartida, preferem (ou são coagidas) a aceitar a autoridade dos membros masculinos.

Observadas conjuntamente, tais práticas militam consistentemente contra a funcionalidade e a efetividade das SCCs como lugares de comunhão eclesial, cooperação pastoral, ministério inclusivo e participação igualitária. Ou seja, elas não são, ainda, a revolução que muitos dos seus proponentes afirmam ser. Vista a partir de uma perspectiva mais ampla, a proporção mais elevada de membros femininos das SCCs e sua

---

146. UZUKWU, E. *A listening Church*: Autonomy and Communion in African Churches. Maryknoll: Orbis Books, 1996, p. 118.

147. CIESLIKIEWICZ, C. *Pastoral involvement of parish-based SCCs in Dar es Salaam*, p. 101-102. Desafio similar diz respeito à inclusão da juventude nas Small Christian Communities, ou à formação de SCCs para os jovens.

relativa falta de autoridade efetiva espelham a prioridade conferida à autoridade e ao controle masculinos na Igreja como um todo, situação essa que subverte uma morfologia eclesiológica predicada na *retórica* das mulheres como a espinha dorsal da Igreja. E apesar disso, algumas teólogas veem com bons olhos as SCCs, como um espaço no qual "as mulheres assumem uma voz na cultura patriarcal" e relativas autoridade e proeminência na comunidade da Igreja[148].

O gênero importa dentro da comunidade chamada Igreja, em que pesem as estridentes tentativas dos guardiães do patriarcado em solapar sua pertinência para a Igreja na África – poucos tópicos da teologia católica têm sido tão frequentemente distorcidos quando vistos através das lentes do patriarcado e do sexismo. Na África, como nos outros lugares, o gênero jamais deixou de ser um aspecto integral da fé e da crença, e com base nele o papel e a participação de mulheres e homens são socialmente definidos e doutrinariamente codificados, tanto na Igreja quanto na sociedade.

A despeito dessas observações, a Igreja na África tem sido uma força para o bem em numerosas situações e instâncias, muitas das quais foram demonstradas nos capítulos precedentes. Além disso, a evidência material indica que avanços foram logrados na esfera pública no que tange ao tema da igualdade de gênero.

---

148. NASIMIYU-WASIKE, A. The role of women in small Christian communities. In: RADOLI, A. (org.). *The local Church with a human face*. Eldoret: Amecea Gaba, 1996, p. 181-202. • RADOLI, A. (org.). *How local is the local church? Small Christian communities and the Church in Eastern Africa*. Eldoret: Amecea Gaba, 1993.

6.3 Um inventário da desigualdade

De acordo com uma pesquisa elaborada pelo Fórum Econômico Mundial, o Relatório Global sobre a Disparidade de Gênero 2015[149], o abismo entre homens e mulheres tem se estreitado nas áreas de participação e oportunidade econômicas, no acesso aos níveis de ensino básicos e superiores, no empoderamento político por meio da representação nas estruturas decisórias e na saúde e sobrevivência, medidas pela expectativa de vida e da proporção entre os sexos. Mas ele também mostra que o progresso não é nem universal nem consistente, pois nenhum país no mundo conseguiu superar, no geral, seu abismo de gênero. Em outras palavras, ainda não existe nenhuma nação no planeta Terra na qual homens e mulheres sejam inteiramente iguais, e com as exceções de Ruanda e Namíbia, a maioria dos países africanos ao sul do Saara situa-se no grupo mais baixo no que tange à questão.

Apesar alguns indicadores positivos, como os contidos na pesquisa do Fórum Econômico Mundial, o catálogo de desafios baseados em seu gênero que mulheres do mundo inteiro enfrentam desafia a crença:

- o tráfico transcontinental de mulheres para exploração econômica e sexual;
- a violência sexual como crime e arma de guerra;
- o uso de mulheres e garotas como escravas sexuais em áreas conflagradas (o caso do prolongado conflito no Sudão do Sul) ou mesmo perpetuada por Forças de Paz da ONU na República Democrática do Congo e na República Centro-Africana;

---

149. Global Gender Gap Report, 2015.

- a exploração do trabalho infantil, como nas fazendas de cacau da África ocidental;

- a carência de oportunidades igualitárias de educação: no Sudão do Sul, por exemplo, onde menos de um por cento das meninas em idade escolar completa a educação primária;

- a prática persistente da mutilação genital feminina;

- o uso de menores como homens-bomba suicidas por grupos terroristas, como ocorrido no nordeste da Nigéria;

- a ameaça do casamento infantil e o problema coincidente da mortalidade materna;

- a violência doméstica;

- o ataque às mulheres homossexuais por meio do odioso estupro corretivo;

- e a lista continua.

Não podemos nos esquecer, ainda, dos vínculos sistêmicos entre gênero e pobreza, doença e analfabetismo; tampouco das muitas coortes de oficiais eclesiásticos cúmplices do abuso criminoso de menores e outras pessoas vulneráveis.

Esse inventário não tem o intuito de chocar as sensibilidades do leitor, mas sim de ilustrar a enormidade e a gravidade de temas que a comunidade cristã não pode ignorar se for pôr em prática o discurso concernente às "mulheres que compõem mais da metade da Igreja"[150]. A comunidade cristã permanece lutando contra uma percepção de sua história e teologia, de que representa uma instituição inerentemente patriarcal e clericalista, e por mais estridente que este veredito

---

150. BEATTIE, A. Op-Ed: To Pope Francis: What about women? *Los Angeles Time.* Disponível em: http://www.latimes.com/opinion/op-ed/la-oe-beattie--pope-francis-women-20150925-story.html. Acesso: 21 out. 2022.

possa soar, em questões como a igualdade de gênero e sua dignidade, a Igreja na África tem ficado para trás, como apontou o Papa Bento XVI: "Infelizmente a evolução das mentalidades neste campo é excessivamente lenta" (AM 57). A velocidade seria um problema relevante se existisse ao menos um processo ativo para atingir as proposições do sínodo, como "a maior integração das mulheres nas estruturas da Igreja e nos processos decisórios"[151], mas há pouca evidência plausível de qualquer processo intencional de aceleração. E mais uma vez, a retórica é reconfortante, mas a realidade não chega nem a ser funcional.

A existência contínua de barreiras estruturais, culturais, religiosas e ideológicas que impedem a participação feminina em todos as esferas da sociedade constitui uma injustiça, e apontar o dedo às instituições político-sociais fora da nossa Igreja não ajuda em nada. A evidência incontestável do abismo entre gêneros é o ponto central do meu argumento, e como tão agudamente apontou o Sínodo dos Bispos "A Justiça no Mundo", "seja quem for, que deseje falar aos homens de justiça, deve ele próprio ser justo aos olhos dos mesmos homens"[152]. Tal como a caridade, a justiça começa em casa.

Na terceira sessão do Concílio Vaticano II, durante o debate sobre admitir ou não mulheres ouvintes ao conselho, o Cardeal Leo Jozef Suenens, então arcebispo de Malinas-Bruxelas, Bélgica, proferiu uma observação incisiva: "creio que as mulheres", afirmou, "são metade da humanidade". Para mim, qualquer tentativa de negar os dons, talentos e contribuições de

---

151. African Synod. Proposition, n. 47, 2009.

152. Sínodo dos bispos. *A justiça do mundo*. Disponível em: http://www.vatican.va/roman_curia/synod/documents/rc_synod_doc_19711130_giustizia_po.html. Acesso: 22 out. 2022.

metade da humanidade é moralmente objetável, especialmente se acontece no interior da comunidade cristã. Tal coisa significaria uma forma de injustiça e contradiria um dos dogmas da Cristandade. O Evangelho é inequívoco em sua afirmação da igualdade e da dignidade de todos os seres humanos – todos criados iguais, à imagem e semelhança de Deus. É nisso que acreditamos, é isso que ensinamos. É isso também que devemos praticar enquanto Igreja.

A fé cristã ensina a igualdade e a dignidade de todos os seres humanos, que todos foram criados à imagem e semelhança de Deus, e da maneira como vejo, as implicações desse ato de fé são tremendas, tanto para a Igreja quanto para a sociedade. Dito de forma simples, ainda que chocante, como o Corpo de Cristo, ou nós acreditamos que as mulheres foram criadas por um Deus justo ou somos devotos de uma divindade menor. Não há outras opções.

Assim, como um *locus* da fé viva por meio da justiça, o gênero há que transcender a mera retórica, da qual já se teve mais do que o suficiente nos documentos oficiais e nas proclamações da Igreja. Não deixa de ser reconfortante, porém, que o Papa Francisco tenha recentemente atentado às questões dos papéis de gênero e sua participação na Igreja, lembrando-nos do perigo em confundir, e fundir, "serviço" e "servidão". Onde quer que abordemos o gênero, ele jamais será redutível a simples definições ou retórica; a imagem que temos da Igreja molda a qualidade e o tom das relações sociais que construímos entre os membros do Corpo de Cristo. Modificações dessa imagem que lançam mão de uma oratória efusiva e expansiva não alteram, imediatamente, a realidade, tampouco criam relações justas. Um desafio que a Igreja na África precisa encarar é a necessidade de desconstruir radicalmente as bases da desigualdade, reconstruindo, em seguida, um ordenamento mais justo – tarefa para qual a conversão, pessoal como institucional, é um pré-requisito fundamental.

Uma comunidade que conscientemente restringe e reduz o espaço disponível para que seus membros contribuam com seus dons e talentos termina por asfixiar a si mesma. Além disso, se se recusa a corrigir inequidades e injustiças que ocorrem em seu seio, uma tal resistência pode levar a resultados mais perversos, tais como tensões e divisões intestinas. Atitudes como essas demonstram um outro exemplo da *performance* patológica que descrevi no capítulo 4. Perdas assim são autoinfligidas, e permitem que seus guardiães mantenham suas posições mesmo quando as evidências as contrariam.

6.4 O potencial inexplorado da liderança

Existem, como observei, africanas que fundaram e lideram igrejas por seu próprio direito, líderes e ícones de independência e autorrealização. E dada a ausência disseminada de líderes confiáveis e competentes, capazes de conduzir o desenvolvimento e a transformação na África, permaneço convicto do potencial dos recursos inexplorados das mulheres do continente. A tarefa da comunidade cristã é reconhecer essa realidade obscurecida e envidar esforços na exploração de todo seu potencial para o corpo de Cristo. Repetindo as palavras do Segundo Sínodo Africano, "as mulheres na África, com seus muitos talentos e recursos, fazem uma grande contribuição à família, à sociedade e à Igreja. Contudo, não apenas sua dignidade e suas contribuições não de todo são reconhecidas e apreciadas, como elas são amiúde privadas dos seus direitos"[153].

---

153. African Synod. Proposition, n. 47, 2009.

No que diz respeito à contribuição das mulheres para a família, a sociedade e a Igreja na África, consideremos, por exemplo, a burundiense Marguerite Barankitse, que dedicou sua vida à tarefa de aproximar, por meio do amor e da compaixão, as atávicas divisões étnicas e reconciliar inimigos mortais há muito separados por ódio, preconceito e antagonismo mútuos[154]; a irmã Rosemary Nyirumbe (vencedora do prêmio Heroes Awards, da CNN), da St. Monica's Tailoring School em Gulu (Uganda) e Angelina Atyam, da mesma localidade, que estão criando novas oportunidades para crianças brutalizadas e traumatizadas pela insurgência rebelde e o descaso governamental; e a irmã Angelique Namaika (vencedora do prêmio Nansen Refugee Award, concedido pela ONU em 2013), da República Democrática do Congo, cuja vocação pessoal e religiosa é resgatar e restaurar a dignidade das mulheres vítimas da violência e da guerra.

Poderia listar muitos outros exemplos, mas coerente com o meu princípio sobre o uso potencialmente enganoso dos números, paro por aqui, embora, quando Bento XVI referiu-se às mulheres africanas "como que a 'espinha dorsal'", fundamentou sua exortação, parcialmente, em sua força numérica ("porque o vosso elevado número, a vossa presença ativa e as vossas organizações são de grande apoio para o apostolado da Igreja" (AM 58). Se essa elegante retórica não se traduzir na ação genuína de investir no recurso mais inexplorado e subestimado da África – as mulheres – a credibilidade moral e a integridade teológica da Igreja no continente estarão comprometidas. Elas são a infantaria heroica capaz de trazer esperança, transformação e mudança.

---

154. KATONGOLE, E. *The sacrifice of Africa*. Op. cit., p. 148-92.

Como adendo à referência a essas quatro africanas notáveis, para evitar que também eu caia na mesma armadilha da retórica vazia, ofereço um relato pessoal dos sinais de mudança no campo da educação teológica, pesquisa e formação.

6.5 Mulheres africanas transformando a face da teologia

Entre 2013 e 2016, coordenei um projeto de pesquisa chamado Colóquio Teológico sobre Igreja, Religião e Sociedade na África, o Theological Colloquium on Church, Religion and Society in Africa (TCCRSA). Um dos seus objetivos principais da pesquisa era desenvolver, modelar e manter uma metodologia recente e inovadora de reflexão, pesquisa e estudo teológico à serviço da Igreja na África e no mundo. Durante três anos consecutivos, o colóquio reuniu uma comunidade de intelectuais católicos africanos que produziam teologia ou usavam fontes e recursos ético-teológicos católico-romanos em suas disciplinas acadêmicas para identificar, analisar e estudar uma ampla variedade de questões importantes tanto para a Igreja na África como para a sociedade como um todo.

O colóquio alcançou alguns marcos significativos, um dos quais se refletia na composição e no número dos seus participantes, e por sua composição, metodologia e foco, o TCCRSA oferece tanto um vislumbre da forma da teologia africana contemporânea como a promessa que reserva para a Igreja universal. Quase metade dos participantes era feminina, laicas e religiosas, algo novo e diferente. Uma reunião de teólogos em que as mulheres não são uma minoria silente e negligenciada é algo insólito na África – normalmente haveria, quando muito, uma ou duas teólogas africanas como símbolo de representatividade.

Aumentar a acessibilidade à educação teológica para as mulheres africanas é uma tendência atual e crescente. Entre as participantes, oito completavam seus doutorados em teologia em seis universidades da África, e desde então seis conquistaram seus PhDs em ética teológica, acesso esse mantido pela ampliação do financiamento disponível para mulheres nos estudos teológicos avançados. Além disso, comunidades religiosas femininas têm percebido a necessidade de prover formação e treinamento sólidos para seus membros, fora dos tradicionais domínios do magistério, enfermagem e catequese. Da mesma forma, a nova geração de mulheres africanas, algumas das quais ingressas na vida religiosa, está bem mais motivada a se aventurar em áreas como teologia e filosofia, tipicamente reservadas ao clero ordenado. Ao longo do horizonte eclesial e teológico, em que sempre estiveram sub-representadas, silenciadas e menosprezadas em suas contribuições, um véu de invisibilidade e desconsideração tem sido levantado, e as africanas estão ocupando uma posição fundamental em assuntos relevantes da Igreja e da sociedade, expressando com paixão, confiança e autoridade suas ideias como intelectuais. Elas não são mais um tema, um objeto passivo do qual se fala nas conferências teológicas, exortações sinodais e editos patriarcais proferidos por clérigos e eclesiásticos.

Não surpreende que esta nova geração de africanas teologicamente astutas expresse sua compreensão da fé de um modo radicalmente novo. Posições não tradicionais como essas abrem novos caminhos em direção a iniciativas teológicas orientadas para a ação e capazes de afetar os contextos religioso, cultural, socioeconômico e político do continente. Ainda é cedo demais para imaginar ou prever o resultado dessa história que ainda está a desenrolar-se.

Outra iniciativa nessa narrativa de progresso de formação e pesquisa teológica inclusiva é o Círculo de Teólogas Africanas

Preocupadas[155], fundado pela matriarca da teologia africana, Mercy Amba Oduyoye, do Gana, cuja ideia é capturada no manifesto do grupo, que se propõe a criar "para muitas mulheres [...] um espaço seguro para refletir e analisar essas [questões] pertinentes"[156]. Ao adotar um "pensamento" "abordagem" ou "método" circular de reflexão teológica, Oduyoye e suas colegas foram pioneiras em um novo modo de se produzir teologia:

> O mais importante aprendizado é que a motivação para o compromisso das africanas em produzir teologia vem como resultado de uma conversão interior de teólogas preocupadas. A motivação não advém da necessidade de confrontar, impressionar ou mesmo ganhar a Igreja ou outras instituições religiosas. Fosse esse o caso, já teríamos desistido porque nossos trabalhos não são lidos por muita gente. Nossa meta é fazer voar a produção teológica africana equipando-a com a asa que falta. Pássaro de uma asa só não voa. Uma teologia africana carente da história de fé das mulheres da África está aleijada. O dom específico que trazemos à teologia africana é reparar um desequilíbrio"[157].

Como descreveu posteriormente Oduyoye, a teologia circular não aspira a se tornar um exercício "'puramente intelectual', mas sim busca focar 'na questão à mão', ou seja, aquela que importa"[158], uma das quais a distância que separa aquilo que decla-

---

155. Circle of Concerned African Women Theologians [N.T.].

156. http://www.thecirclecawt.com/profile.html

157. Ibid.

158. ODUDOYE, M.A. Re-reading the Bible from where we have been placed: African women's voices on some biblical texts. *Journal of African Christian Thought 10*, n. 2, dez. 2006, p. 6.

ramos sobre a centralidade da presença feminina na Igreja e a escassez de ações concretas que reflitam esta centralidade.

6.6 A espinha dorsal da Igreja

Retornando à celeuma óssea. O sínodo africano declarou que as mulheres eram "como que a 'espinha dorsal'" da comunidade chamada Igreja, um fato tão óbvio que nem sequer exige justificativa e nos permite colocar, em um simples exercício intelectual, a seguinte questão: se verdadeiramente acreditamos que as mulheres são fundação, suporte e alicerce da Igreja, então como seria essa Igreja?

Propus essa questão para um grupo de teólogos africanos – homens e mulheres. Perguntei-lhes frontalmente como seria uma Igreja na qual as mulheres fossem a espinha dorsal?" "Hmmmm", replicou um deles inicialmente. "Um negócio sério, as mulheres na Igreja; Maria Madalena iria gostar do seu artigo!" Hesitei em elaborar demais sobre esse comentário debochado, mas vale a pena mencionar que escárnio, repúdio e negação espreitam amiúde as discussões que dizem respeito às pessoas que "compõem metade da humanidade" e são a maioria do Corpo de Cristo. Segue-se aqui uma amostra das visões e opiniões desse grupo à tal pergunta:

> Uma Igreja em que a palavra "mulher" se refere, antes de mais nada, a colegas ou parceiras de Deus, não uma massa servil do clero. Mulheres favorecidas com uma formação sólida, que lhes permita estar confiantemente diante de Deus e lado a lado com seus irmãos. O feminismo não se reduz ao conhecimento técnico; é, sim, um paradigma baseado na audácia bíblica da virgem, da esposa, e da mãe. [Uma Igreja em que] não tapemos nossos ouvidos quando elas usarem de sua experiência para refletir sobre Deus e a Igreja.

Quando o sínodo afirmou que as mulheres eram a espinha dorsal da Igreja na África, não fez mais do que descrever um fato: sem elas, seria como uma família sem mãe. E ainda assim, as mulheres não podem libertar todo seu potencial porque não lhes é dado mais espaço de participação na liderança da vida da Igreja como família, algo que significaria permiti-lhes tomar parte no processo decisório, ter oportunidades iguais na educação eclesial no sentido de crescerem em seu entendimento da fé e oferecerem um serviço mais competente à comunidade.

Em uma Igreja na qual as mulheres são verdadeiramente reconhecidas como sua espinha dorsal em virtude de sua fidelidade ao chamado, ao discipulado e à proclamação do Evangelho, ao compromisso de passar adiante sua fé aos filhos e aos companheiros da paróquia, e ao serviço em prol da humanidade por meio de obras de misericórdia e compaixão pelos pobres e marginalizados, apreciaríamos profundamente a variedade dos dons oferecidos pelo Espírito e o serviço a ser realizado pelo bem comum (1Cor 12). No mais das vezes, o patriarcado na sociedade e na Igreja, e o clericalismo embaçam nossa visão e influenciam negativamente nossas decisões e ações.

A Igreja que queremos é Igreja em que todos e cada um sejam cidadãos de primeira-classe (Congar); em que a subordinação de um grupo de gênero (homem-mulher, cultura grega) a outro, ou de um grupo social (livres-escravos, mestres-servos, cultura romana) a outro não seja a regra. Encapsulada pelo hino que proclama não mais escravo/livre, homem/mulher (Gl 3,28), esta Igreja, a esfera do Espírito, reverente à idade (cultura africana) empodera a todos; é a testemunha competente do domínio de Deus (Reino) em nosso mundo turbulento; o "pequeno rebanho" (Lc 12,32) dá testemunho à sociedade sem discriminação de *status*, gênero ou raça[159], é deferente à idade, às escolhas de vida, etc. Poderia esta Igreja reinventar ministérios como as viúvas, velhos e velhas, supervisores (*episcopoi*), etc.?

A espinha dorsal abriga a medula espinal, sustenta o cérebro, protege os órgãos vitais e permite o movimento – sem ela, o corpo humano não sobreviveria. Logo, afirmar que as mulheres são a espinha dorsal da Igreja Católica precisa ter o mesmo peso: sem elas a Igreja não poderia existir. Uma Igreja em que as mulheres são verdadeiramente a espinha dorsal, portanto, há de ser uma em que a presença, voz, experiências, dons e sabedoria delas seja a norma, não apenas nas estruturas eclesiásticas (diaconisas, sacerdotisas, bispas, papisa), mas também na construção ativa da teologia e do código canônico. A inteira formação da laicidade, do batismo à morte, seria imbuída e moldada por mulheres.

Dando a palavra final a Beattie,

> A mais importante de todas as transformações que precisam ocorrer é a inclusão total e equânime das mulheres na reflexão teológica e nos processos decisórios da Igreja. A menos [e até] que isso aconteça, nossa compreensão do que significa ser feitos à imagem e semelhança de Deus e encarnar o amor de Cristo no mundo continuará a ser distorcida por uma exclusividade androcêntrica que se recusa a atentar para o sofrimento e a sabedoria das mulheres[160].

---

159. OSIEK, C.; BALCH, D.L. (orgs.) *Families in the New Testament world: households and house churches* Kentucky: John Knox, 1997.

160. BEATTIE, A. Maternal well-being in Sub-Saharan Africa. Op. cit., p. 177.

Estruturei este capítulo em volta da ideia das mulheres como espinha dorsal da Igreja. Minhas reflexões recordam minha própria experiência religiosa, na qual elas são, verdadeiramente, uma espinha dorsal. No capítulo 1, contei a história da devoção de minha mãe por seus deuses e deusas, e recontei as práticas rituais de meu pai. O que eu não mencionei é que meu pai era, também, devoto de um deus *Awanuro*, cujo ministro-chefe era uma mulher. Ela conduzia a adoração, liderava rituais e oficiava os ritos, embora a maioria de sua comunidade de fiéis fosse masculina. Ninguém jamais levantou considerações baseadas em gênero em protesto ao seu papel principal de líder e sacerdotisa.

Em que pese toda condenação dirigida às práticas culturais africanas e ao tratamento dado às mulheres, as tradições espirituais do continente abrem igual espaço para que elas o exerçam autonomamente. A formação educacional rudimentar de minha mãe não lhe permitia formular ou articular conceitos de teologia doutrinária, e ainda assim, como tantas e tantas mulheres que buscaram (e encontraram) refúgio em sua prática religiosa, ela era sua própria sacerdotisa, insubordinada a qualquer classe sacerdotal masculina. Por toda África, muitas africanas, como minha mãe, funcionam como recipientes dos espíritos livres, criativos e ativos dos deuses e deusas. E de fato, a Religião Africana tem algo a ensinar à Igreja universal.

7
O desabrochar das religiões

*O que uma criança enxerga do alto de
uma palmeira, um ancião pode ver deita-
do numa cama de bambu.*

Provérbio africano

Em Madagascar, no dia 27 de setembro de 2017, fui convidado a comparecer à celebração eucarística em um dos bairros economicamente carentes e socialmente marginalizados da capital, Antanarivo. Preparando-me para essa experiência, meu anfitrião explicou que a igreja se localizava num *"quartier populaire"*, e que a congregação provinha majoritariamente do assentamento informal de Anosibe, "Grande Ilha". Seria uma das cinco missas paroquiais celebradas, a primeira começando às 5h30 da manhã. "Vai ter muita gente", avisou, mas não me falou da demografia dos congregantes.

Chegamos bem cedo, e de imediato enfrentamos um problema: deparamo-nos com um imenso engarrafamento humano. Praticamente cada metro quadrado do espaço estava tomado por um oceano de crianças e adolescentes, e foi necessário que um oficial da Igreja abrisse caminho em meio à multidão para que nosso carro chegasse ao setor principal do complexo eclesiástico. A missa foi um evento festivo, animado, e do começo ao fim grupos de jovens e crianças, vestidos com roupas das mais variadas cores, revezaram-se em apre-

194

sentações litúrgicas, uma após a outra, complementares à liderança do celebrante. Todos cantavam, a maioria sem acompanhamento musical. E quando a celebração se aproximava do fim, três horas depois, outra multidão de jovens já estava em volta da igreja, esperando ansiosamente sua vez de adorar. "Se voltar à noite, para a quinta missa, verá a mesma coisa", disse-me meu anfitrião, enquanto lenta e cuidadosamente navegávamos para fora do povaréu de fiéis.

O Center for Applied Reserach in the Apostolate (CARA) da Universidade de Georgetown observou que o crescimento de 258% da população católica africana desde 1980 se deu, em larga medida, graças a taxas crescentes de natalidade, excluindo assim fatores significativos de crescimento, como a migração e a evangelização[161]. Este número pode ser extrapolado para dar conta do crescimento religioso na África como um todo, mas é notável que essa população crescente seja devota e profundamente religiosa. E ainda mais notável é sua juventude.

Partindo das perspectivas gêmeas da estatística e da demografia, o cristianismo na África é qualquer coisa, menos uma religião moribunda, e o mesmo pode ser dito do Islã. Questiono, contudo, esses dados, e acredito que tais conclusões revelam uma fundamental ignorância sobre como a religião funciona no continente: ambas as fés estão em crescimento, mas não às custas da Religião Africana. Pelo contrário, seu crescimento é predicado pelo relacionamento essencial com a Religião Africana, o campo no qual foram plantadas. Sem ele, nem o cristianismo nem o Islã poderiam ser consideradas religiões *africanas*.

---

161. Center for Applied Reserach in the Apostolate (CARA). Georgetown: Georgetown University, Global Catholicism: Trends & Forecasts. 4 jun. 2015, p. 25-26.

Onde reside o futuro do cristianismo na África? Na medida em que deixo a plataforma da narrativa, não pretendo olhar numa bola de cristal, mas sim trabalhar na própria análise que fiz até agora. Devemos esperar que o cristianismo continue a florescer na África? Opto por responder afirmativamente dadas as razões presentes em seu percurso evolutivo.

Existe uma distinção fundamental entre florescer como uma comunidade religiosa e como um fenômeno estatístico. Estudos estatísticos sugerem um futuro brilhante para o ristianismo na África, uma das duas regiões (junto com a Ásia) do mundo que registram os maiores crescimentos de cristãos. Como o estudo do CARA sobre o catolicismo sugere, muito disso se deve às altas taxas de natalidade e à melhoria das expectativas de vida:

> As taxas de fertilidade na África permaneceram mais altas que em qualquer outra parte do mundo. O crescimento da população católica responde por 23% de todo crescimento populacional africano desde 1980. A percentagem da população africana que é católica cresceu de 12,5% em 1980 para 18,6% em 2012. Embora o número de paróquias na África tenha crescido 113% – 8.055 novos lugares de culto foram adicionados – a razão de católicos por paróquia passou de 8.193 em 1980 para 13.050 em 2012. Desde 1980, o número de padres cresceu mais rápido que o de paróquias (131% comparado a 112%), mas não tão rápido quanto a população católica (238%)[162].

---

162. Center for Applied Reserach in the Apostolate (CARA). Georgetown: Georgetown University, Global Catholicism: Trends & Forecasts. 4 jun. 2015, p. 25-26.

Baseado nesses dados,

> Em 2040, espera-se que a população da África seja de 1,9 bilhão, e as taxas de fertilidade permanecerão, em média, acima de 3 filhos por mulher ao longo da vida. A expectativa de vida deverá subir para 68 anos por volta de 2040 [...] O século XXI permanecerá sendo uma era de significativo crescimento populacional para o continente. Se os padrões correntes de filiação e fertilidade diferencial entre grupos religiosos se mantiver, em 2040, 24% dos africanos serão católicos, resultando em uma população de 460.350.000 pessoas[163].

Para os líderes das comunidades cristãs, esses números fenomenais são verdadeiramente encantadores. Como um CEO que observa a previsão financeira de sua organização, não poucas lideranças eclesiais adotariam, com razão, a atitude do homem rico: "tens muitos bens em depósito para muitíssimos anos; descansa, come, bebe e regala-te" (Lc 12,19). Além disso, os estudos sugerem que nem a migração nem a evangelização irão dar forma ao crescimento futuro da Cristandade: ele ocorrerá de qualquer jeito, enquanto os africanos continuarem a se reproduzir abundantemente.

E ainda assim, o olhar atento demonstra que os líderes eclesiásticos – seus pastores, evangelistas, pregadores e profetas – não estão descansando sobre os louros. Historicamente, o fervor religioso e a atividade nunca foram mais intensas do que no século XXI. Jamais testemunhamos tamanha efervescência religiosa no continente, nem mesmo nos dias pioneiros dos líderes do Movimento do Cristianismo Independente, como Isaiah Shembe (1870-1935), John Chilembwe (1871-1915), Simon Kibangu (1887-1951) e Samuel Oshoffa (1909-1985). Recordo a

---

163. Ibid.

observação pungente de Henry Okullu, citada no capítulo 4, de que "em toda parte na África as coisas estão acontecendo. Os cristãos estão conversando, cantando, pregando, escrevendo, debatendo, discutindo"[164]. Estes são, sem dúvida, tempos estimulantes para o crescimento religioso do continente.

7.1 Coisas estão acontecendo em todo canto na África

A religião está crescendo na África a um ritmo sem precedentes. Ainda mantenho, contudo, que perdemos um fator importante se assumirmos que o florescer das religiões, neste caso, do cristianismo, baseia-se tão-somente nessas estatísticas impressionantes. Além dos números e dos dados, outros fatores deveriam ser considerados ao explicarmos o avanço da prática religiosa.

Um dos fatores, a conversão, não é novo. A África é um continente de convertidos, como demonstrado claramente em minha narrativa. Não estou convencido de que os pesquisadores tenham considerado a contento as implicações do fato de que os africanos se consideram a si mesmos como convertidos. Ainda que o termo "berço" seja usado eventualmente por cristãos para se autoidentificar com uma tal denominação (católico de berço ou anglicano de berço, por exemplo), a realidade é que muitos cristãos africanos comuns não consideram o cristianismo como parte inerente de sua herança religiosa – da maneira como, digamos, um europeu considera. Uma sensibilidade religiosa residual, uma consciência nativa da África, situa um africano cristão em um *locus*, ou confluência, de experiências

---

164. OKULLU, H. *Church and politics in East Africa*. Nairobi: Uzima Press, 1974, p. 54. • MALULEKE, T.S. Half a Century of African Christian Theologies: elements of the emerging agenda for the twenty-first century. *Journal of Theology for Southern Africa*, n. 99, 1997, p. 8.

religiosas. Em outras palavras, embora um africano converti-do se considere um cristão e siga os ensinamentos e exigências da Cristandade, ele não está completamente intocado pelas in-fluências de outras tradições religiosas, como a Religião Africa-na. Em algumas instâncias específicas, tais influências podem resultar em, ou se manifestar como, combinações de práticas religiosas.

A imaginação cristã africana típica – se é que algo assim já existiu – tende a ser moldada pela extroversão religiosa, per-cebendo a Cristandade como uma religião de proveniência es-trangeira. Em que pese a existência de veneráveis tradições his-tóricas, tais como a Igreja Ortodoxa Etíope, a Cristandade na África reteve uma aura alienígena; abraçá-la é praticar uma fé estrangeira vinda do "além-mar", alheamento esse proveniente da origem europeia do cristianismo.

Vejamos, como exemplo, como alguns idiomas africanos nomeiam coisas de proveniência estrangeira (europeias, em sua maioria) para as quais não existe nome local. O item é identi-ficado com um equivalente familiar, lugar, mas complementa-do com um adjetivo possessivo, de modo que açúcar é "sal de branco"; abacaxi, "dendê de branco"; a louça, "prato de branco". Transposto para o meio religioso, o cristianismo é a "religião de branco", ou ao menos aparenta ser na imaginação dos africanos. Não há nada de ideológico nessa nomeação linguística e psico-lógica da identidade e do sentido do cristianismo – é puramen-te uma questão de percepção. Embora alguns intelectuais afri-canos façam das influências coloniais e pós-coloniais uma *cause célèbre* de análise e pesquisa, o cristão africano padrão não luta uma batalha ideológica com o cristianismo como uma re-ligião estrangeira; esse alheamento pode até ser, de fato, uma fonte de atração, um ímpeto vigoroso para a conversão, como apontou Robin Horton. De modo análogo, pregadores e pastores africanos, pentecostais e evangélicos, com frequência reclamam *status* e celebridade graças às suas conexões e parcerias com colegas e igrejas de além-mar. Em eventos religiosos como cruzadas, convenções e workshops para líderes, ter como convidado um pregador expatriado à frente é considerado um sinal de *status* para a Igreja e um forte atrativo para as multidões de participantes[165].

Se o cristianismo é uma "religião de branco", como essa nomenclatura se traduz do ponto de vista linguístico? Qual o seu equivalente na imaginação religiosa africana? Como defendi consistentemente, existe uma Religião Africana, ainda que os missionários cristãos a considerassem demasiado animista ou pagã para estabelecer relações, atitude que persiste hoje entre evangélicos e pentecostais: não raro, esses dois ramos do cristianismo equivalem-na, ligeira e prontamente, a práticas satânicas, demoníacas e ocultistas. Mas apesar dessa recorrente vilificação, desse ataque frontal, a "religião de branco" não conseguiu deslocar a Religião Africana da consciência religiosa dos cristãos africanos.

Um exemplo bem conhecido dessa persistência que resisti em trazer a esse texto é a prática do vodu. Hesitei porque não é possível afirmar que, em uma narrativa concisa como esta, alguém seja capaz de explorar adequadamente e fazer justiça à vastidão dessa visão de mundo religiosa que, além disso, tem sido mal compreendida por aqueles que a associam a práticas sinistras e maléficas. Ainda assim, o vodu logrou conquistar um perfil político bem mais amplo, e a República do Benin declarou o 10 de janeiro como feriado nacional para celebrá-lo.

---

165. GIFFORD, P. Prosperity: A new Foreign Element in African Christianity, *Religion*. Out. 1990, p. 372-88.

Embora saibamos que pregadores, pastores e evangelistas podem incitar seus seguidores a temer e odiar a Religião Africana, estes, no entanto, continuaram a recorrer a ela, clandestinamente, em momentos de crise. Quer sejam levados por medo ou pelas circunstâncias, em alguma parte da consciência religiosa dos africanos existe uma contraparte para a "religião de branco", que não funciona nem como despiste nem como inimigo, e menos ainda como competidor ou rival. É, simplesmente, o solo em que a "religião de branco" está plantada e onde continua a crescer – ou como diz um provérbio africano, quem come o fruto de uma árvore como também seus ramos, folhas, tronco e raízes. Assim é com os africanos, que comeram o fruto cobiçado da árvore do cristianismo: eles continuam a comungar de suas folhas, seu tronco e, principalmente, de suas raízes.

Em seu romance *O mundo se despedaça*, Chinua Achebe narra um evento no qual os primeiros missionários pediram aos anciãos um pedaço de Terra para construir uma Igreja. Em sua criatividade sábia e engenhosa, os anciãos se reuniram para deliberar e chegaram a um consenso: ofereceriam aos brancos quanta terra desejassem, mas apenas na "floresta maldita", onde os espíritos dos mortos-vivos e dos insepultos vagavam ameaçadoramente, uma oferta que ninguém em seu juízo perfeito aceitaria. No decorrer da história, para assombro dos anciãos, os missionários se regozijaram com a oferta de seus anfitriões africanos. Construíram a Igreja prontamente, iniciaram um esforço de evangelização e começaram a colher a recompensa de seu esforço missionário com o aumento crescente de conversos. "Agora, nós já construímos uma Igreja", anunciou, entusiasticamente, o chefe dos missionários à comunidade da vila.

O que a história vem a revelar é que, embora o cristianismo tenha fincado pé na vila e florescido (julgando pelo número de conversos), na imaginação religiosa desses últimos a Igreja tinha sido construída na floresta maldita, estava cercada por ela, e mesmo que tivessem consciência de que tinham abraçado uma nova fé, não eram capazes de afastar-se de uma visão de mundo moldada e nutrida por suas crenças nos deuses e deusas, nos espíritos e divindades de sua terra que tinham seu lar na floresta.

Não há dúvida de que o edifício cristão representava uma novidade para os convertidos, mas por ter sido construído no terreno de sua visão de mundo e imaginação religiosa, reteve uma certa familiaridade. Qualquer tentativa de distinguir, separar as duas crenças seria tanto acadêmica quanto fútil, pois na imaginação dos conversos, as forças espirituais locais estavam presentes e ativas na comunidade cristã que nascia, mas o homem branco vangloriou-se um feitiço mais potente para conter sua ameaça: "dizia-se que ele usava vidro nos olhos para poder ver os espíritos malignos e falar com eles"[166].

7.2 Cristãos estão conversando, cantando, pregando, escrevendo, discutindo e debatendo

Os africanos sempre foram um povo convertido. Ou por outro lado, o peso da história ou a passagem do tempo não ocultou a memória de nossa conversão para uma religião ocidental. Ao fazer essa afirmação, discordo do falecido teólogo ganense Kwame Bediako, que afirmava que o cristianismo africano era considerado uma religião não ocidental – ele a via como a mudança sentido sul do centro de gravidade da Cristandade, em direção aos dois terços das regiões do mundo. É fácil conseguir dados demográficos e estatísticos que deem suporte a tal argu-

---

166. ACHEBE, C. *O mundo se despedaça*. Op. cit., p. 141.

mento, embora as conclusões deles originadas possam muito bem ser enganosas.

A conversão religiosa tende a gerar paixão, zelo e convicção; os conversos são frequentemente caricaturados como "forasteiros que choram mais alto e por mais tempo que os próprios enlutados". No Norte (ou Ocidente), enquanto o cristianismo parece ter sucumbido sob o peso mortal do cinismo, da apatia e do assalto secularista, novos recrutas do Sul permanecem assoprando as brasas de uma religião global que promete alívio e prosperidade sem limite. Sim, hoje em dia, os cristãos na África estão conversando, cantando, pregando, escrevendo, discutindo, debatendo.

Um segundo fator a ser considerado no florescimento do cristianismo na África é a natureza da evangelização cristã no continente. Como já observei, o cristianismo na África moderna aportou e se enraizou em larga medida como uma religião dos pobres, e na África Subsaariana permanece apelando fortemente às consideráveis massas de carentes – bastante, de fato, para satisfazer os desejos e a predileção do Papa Francisco por uma" Igreja que é pobre e para os pobres". Se essa correlação entre a pobreza e o cristianismo se prova verdadeira na África, não deveríamos esperar um declínio na afiliação e observância religiosas à medida que os africanos progressivamente abandonam o lamaçal da miséria e da desigualdade econômica? A correlação entre "desenvolvimento econômico e distribuição de renda mais igualitária" e o declínio de fiéis e religiosos é um axioma amplamente reconhecido nas ciências sociais e confirmado por muitas nações prósperas do Hemisfério Norte, com a exceção dos Estados Unidos.

A julgar pelos Objetivos de Desenvolvimento do Milênio (ODMs) 2000-2015 das Nações Unidas, tem havido uma significativa redução no número absoluto de pessoas vivendo na pobreza em todo mundo. Embora ainda esteja penando nos últimos lugares, a redução da pobreza na África é um fato. Contraintuitivamente, porém, acredito que o desenvolvimento econômico e o aumento dos níveis de renda na África não irão disparar nem a queda da observância religiosa nem uma secularização crescente, pois aparentemente a dinâmica interna do cristianismo na África tem uma dupla garantia de prosperidade.

Num primeiro aspecto, o cristianismo promete prosperidade econômica e ascensão social com base na força da manifestação dos devotos e em sua generosidade na semeadura da fé. Essa abordagem, comumente conhecida como "evangelho da prosperidade" é a tal ponto popular e bem distribuída, que algumas igrejas mais antigas e históricas adotaram algumas de suas formas em suas devoções litúrgicas e para-litúrgicas. Num segundo, e talvez mais importante, aspecto, aquilo que se colhe abundantemente como frutos da fé precisa ser protegido com vigor. O inimigo está sempre à espreita – forças satânicas, sinistras e sombrias; maldições ancestrais, centenárias; e muitas outras mais, pelas quais a Religião Africana é falsamente acusada e vilipendiada. Semeadura, colheita e proteção tornaram-se especialidades das igrejas cristãs, em particular naquelas denominações especializadas no evangelho da prosperidade, cuja tripla matriz operante (explicação, predição e controle) é, como demonstrei, extraída da Religião Africana.

Em outras palavras, o cristianismo é frequentemente *ambicioso* dentro das denominações cristãs bem-sucedidas na arregimentação de novos recrutas; seus benefícios e recompensas são colocados contra um fundo de abundância material e bem-estar socioeconômico, de tal forma que mesmo se somente alguns poucos os atingirem, o poder e apelo destes testemunhos são convincentes o bastante para manter encantadas as massas de seguidores, capturados pela ideia de semelhante acesso a essas migalhas tentadoras.

Compreendida e praticada como uma religião ambiciosa, o cristianismo dispõe de uma panóplia de mecanismos para atiçar e manter as aspirações dos novos e antigos convertidos. Na era da revolução da mídia digital não há escassez de canais, avenidas e plataformas para exibir o sucesso dos cristãos que conseguiram "chegar lá". Não há por que cercear as ambições alheias à obtenção do sucesso material – a prosperidade é uma evidente bênção divina para aqueles que são generosos na semeadura da fé.

O profeta T.B. Joshua descreve a si mesmo como um jovem resgatado por Deus "de um lar miserável para a liderança de um ministério internacional" para se tornar "um mentor de presidentes", o "amigo das viúvas e dos desvalidos" e um "modelo para sua geração". Permanece não dito, contudo, o fato de que ele, como muitos dos seus colegas líderes de megaigrejas, está à frente de um conglomerado religioso comercialmente próspero, cujos ganhos são contabilizados em múltiplos dígitos. Embora seja relativamente seguro observar que poucos africanos aspiram ao papel de mentores presidenciais, num continente de pobres a vasta maioria deles almeja aquele tipo de abastança que se tornou a marca registrada dessas igrejas do evangelho da prosperidade. Suas esperanças são amparadas pela evidência dos que alcançaram a prosperidade, e aqueles que já a alcançaram contam com seus guias e mentores religiosos para proteger e salvaguardar suas justas recompensas e bênçãos divinais. Karl Maier examinou esta dúplice dinâmica em termos de, por um lado, ganância e credulidade dos ricos e, por outro, o desespero dos miseráveis – ambos terrenos lucrativos para o evangelho da prosperidade[167].

---

167. MAIER, K. *Things fall apart*. Nova York: Doubleday, 1994, p. 149.

Reconheço a existência de uma certa falta de lógica em minha abordagem, que sugere que aquilo que é bom para os pobres da África é bom para o cristianismo – enquanto uma for miserável, o outro terá sempre uma base sólida. Para o observador externo, a maneira como os cristãos africanos estão conversando, cantando, pregando, escrevendo, discutindo e debatendo não confere nenhuma evidência de que o continente é o mais pobre do planeta. Mais importante, e um tanto paradoxal, creio que se a África conseguisse, miraculosamente, superar a pobreza endêmica e galgasse rapidamente a prosperidade econômica, o cristianismo poderia esperar uma base ainda mais sólida, algo que parece desafiar – quando não subverter – os cânones prevalentes dos estudos da religião. Trata-se, de fato, de um tributo à desenvoltura criativa dos atuais mercadores do evangelismo cristão na África. Ricos ou pobres, os africanos e a Cristandade estão definitivamente encangados.

7.3 A raiz de todo mal?

Existe um terceiro elemento garantidor do florescimento das religiões na África, qual seja a natureza e os meios da evangelização e da implantação missionária. Como vimos, a Cristandade missionária cunhou diversos nomes infames para a Religião Africana, dentre os quais os dois mais importantes, "animismo" e "paganismo". Argumentei consistentemente que aquilo que os missionários tomavam por animismo era uma caricatura baseada em estereótipos, ignorância evangélica e na arrogância daqueles que se consideram embaixadores de uma religião e de um modo de vida civilizados. Até hoje, diversas formas de cristianismo ainda consideram a Religião Africana como demoníaca, satânica, ocultista: falar de maldição ou esconjuro "ancestral" é uma referência explícita aos efeitos nefandos do que é erroneamente apresentado, ou altamente distorcido, como Religião Africana.

Um dos grandes erros da Cristandade missionária foi se apresentar como substituta da Religião Africana, quando o desafio aos seus propagadores era assumir como ambas se assemelhavam em suas naturezas. Em outras palavras, foi uma religião ou outra. Na era colonial, com a apoio do poder superior das potências dominantes, e também nesse nosso tempo de kits sofisticados de adereços evangélicos, o cristianismo deu por certa a vitória sobre o animismo e o paganismo. Mas o que os missionários não conseguiram entender, contudo, é que um modo de vida, ou espiritualidade, difere de uma religião de credos organizados, doutrinas e dogmas – esta última é facilmente substituível, deslocável, aquele não.

Ao invés de substituir o modo africano de vida, o cristianismo cresceu sobre ele; e em assim sendo, afirmo, enraizou-se no solo da Religião Africana. Essa abordagem levou, inadvertidamente, a Religião Africana bem para dentro dos corações dos convertidos, e como uma árvore tropical, as folhas e os galhos da Cristandade floresceram, mas as raízes permaneceram profundamente ancoradas no modo de vida africano, nutrindo e moldando seu crescimento século após século de evangelização na África. Quando hoje colhemos os frutos abundantes da Cristandade missionária, eles são adoçados pelo sabor dessas raízes. Aos evangélicos puritanos, esse fato traz um gosto travoso, que eles continuam tentando apagar ou diluir com as águas do batismo e com a força poderosa do assim chamado "fogo do Espírito Santo".

Essa abordagem missionária da substituição permanece forte hoje em dia, mas também suas raízes. Para o cristianismo, substituir efetivamente a Religião Africana seria como cortá-las fora, resultando em seu enfraquecimento no continente – situação que lembra um beco sem saída, um cenário do tipo *Ardil-22* de Joseph Heller. O cristianismo há de permanecer florescendo, mas também há de ser influenciado pela maneira e forma de seu relacionamento com a Religião Africana.

7.4 Religião do povo, pelo povo e para o povo

O futuro do cristianismo na África me parece assemelhado àquelas ondas de revoltas democráticas que, de quando em vez, varrem as instituições socioeconômicas e políticas do continente. Já vimos instâncias desses fenômenos nos anos de 1990, na África Subsaariana (Congo, Benin, Gabão, Mali, Zâmbia, Zaire [atual República Democrática do Congo]), e nos 2000, ao norte (Tunísia, Líbia e Egito, durante a Primavera Árabe). Os resultados podem até não ter sido duradouros, mas cada onda teve um impacto e deixou uma marca. A África está sempre em mudança.

Os africanos levam sua religião a sério: ela funciona para eles, ocupa um lugar importante em sua autocompreensão, construção de sentidos e visão de mundo existencial. Ela é um meio para conferir sentido à própria existência, e não uma mera capa usada para proteger-se contra as vicissitudes da existência humana. Os crentes, portanto, querem ter voz em sua operação. As elites religiosas, clericais ou eclesiásticas, podem deter o poder sobre as doutrinas e credos, mas o povo inventa, livre e criativamente, seus termos e modos de engajamento na religião. Na África, ser espiritual é conter uma pluralidade de identidades. A habilidade de muitos africanos em mesclar e combinar práticas religiosas no âmbito de uma estrutura mais ampla pode parecer, aos intelectuais profissionais, como manifestações de sincretismo ou um tipo de esquizofrenia religiosa, mas os seguidores a entendem de outra maneira, como uma forma de tradução que requer criatividade e inovação, e um compromisso inabalável com a diversidade.

Por exemplo, embora algumas denominações neguem às mulheres participação em cargos decisórios e ministeriais, muitas delas encontram meios de praticar não apenas a sua fé, mas também de moldar os contornos da evolução de suas crenças. Ainda que o clericalismo possa estar em alta em algumas denominações, outras formas de ministério permanecem se sobressaindo, impulsionadas pela participação de uma maioria de cristãos não clerical, quer dizer, mulheres leigas e homens, catequistas e missionários, voluntários e agentes das pastorais. De acordo com o CARA, existem hoje cerca de 393.580 catequistas na África, mais 7.195 missionários leigos e 928 membros, homens e mulheres, em institutos seculares, para os quais o cristianismo é uma religião que pertence tanto a eles quanto aos clérigos[168].

São inúmeras as preocupações que os africanos levam à sua religião na ânsia por respostas, e incluem questões éticas, políticas, sociais, econômicas e pessoais. Consideremos, por exemplo, os direitos reprodutivos e a sexualidade humana: qualquer ministro atento ao pulsar do crescimento religioso no continente sabe que muitas mulheres estão assumindo a responsabilidade de sua saúde reprodutiva, e muitos homens e mulheres estão buscando novas formas de viver seus compromissos matrimoniais. A sexualidade humana não é mais um tabu, ainda que colida com instituições religiosas e políticas que criminalizam formas de orientação sexual consideradas antinaturais ou ímpias.

---

168. CARA, *Global Catholicism*, 27.

Em nossa sociedade altamente globalizada e digitalizada, mais e mais africanos estão ousando reconhecer, abraçar e celebrar sua sexualidade, mesmo quando instituições semirreligiosas, culturais e políticas francamente hostis criam um ambiente de medo, intimidação e violência. Existem africanos das mais diversas orientações, preocupações e esperanças, mas todos eles esperam que a religião funcione para eles – seja o cristianismo, o Islã ou a Religião Africana.

Estatísticos predizem tendências futuras tendo por base a associação numérica, e o crescimento do cristianismo na África provou ser um terreno fértil para tais estudos, computações e previsões. Ainda que, amiúde, as estatísticas se prestem a gerar prognósticos, são inadequadas, ou mesmo enganosas, para explicar o fenômeno do controle religioso na África. Não basta alinhar números e desenhar mapas demográficos. A religião é muito mais importante que estes áridos indicadores de crescimento, e para aqueles que permanecem convictos da importância dela em suas vidas, há grande relevância em sua singular habilidade de permiti-los explicar e controlar suas circunstâncias. Religião é conferir sentido à vida, explicar o sentido da existência, mesmo que o resultado não seja, sempre, favorável. Milhões de favelados inundam as igrejas e mesquitas em busca de consolo e soluções, e mesmo que estes continuem a escapá-los, eles permanecem intrepidamente ligados às suas crenças e práticas religiosas, continuam a dirigir-se aos espaços e eventos religiosos – claramente, aquilo que os move é mais forte do que números.

Identificar o que existe no coração de suas convicções exige que consideremos não apenas as manifestações exteriores de fé e devoção, mas também suas raízes subjacentes – a importância de ambas as dimensões é indiscutível. Se as manifestações das fés cristãs e islâmica seguem robustas na África é porque, antes de mais nada, estão enraizadas no solo fértil da Religião Africana, uma verdade inconveniente para aqueles que passaram a crer – tendo por base o grande crescimento numérico – que a Cristandade e o Islã estavam substituindo com sucesso a Religião Africana, tornando-a algo do passado.

Até que ponto a religião continuará a funcionar para os africanos vai depender de como honramos uma busca genuína de sentido, verdade e mistério baseada em nossas identidades religiosas plurais. Como um animista, e na corrente jornada de fé como cristão, sinto-me feliz em ter conhecido, vivido e experimentado os benefícios da sabedoria e do conhecimento de todas essas identidades em minha formação religiosa.

Conclusão
Seria tudo isso um espetáculo vazio?

Muitos pássaros podem voar no céu sem nem sequer triscar as asas.

Provérbio africano

Houve um tempo em que eu não era cristão... e embora minha conversão ao Catolicismo tenha representado um marco significativo em minha jornada de fé, este percurso começou muito antes, antes mesmo das águas do batismo escorrerem pela minha cabeça no Sábado de Aleluia, 2 de abril de 1983, na Igreja de São José, Cidade do Benin, Nigéria. Já havia me molhado inúmeras vezes com as águas borbulhantes da fé do meu pai e do espírito da minha mãe, preservadas no quarto da cura. Antes que o óleo da crisma ungisse a minha testa, os meus braços haviam recebido incisões diversas vezes, e selados com poções fortificantes prescritas por adivinhos locais e curandeiros. E muito antes de participar de uma ceia eucarística, já me alimentara, o corpo como a alma, em refeições rituais oferecidas em sacrifício a deidades ancestrais. Nesse tempo eu não era, de fato, um cristão.

O Catolicismo ensina que o sacramento tem a natureza de um selo: deixa uma marca indelével. Jamais pode ser desfeito. A Religião Africana é rica em simbolismos e metáforas sacramentais, e nesse universo água, sangue e comida desempenham papéis significativos. Abluções e aspersões fortalecem o físico; limpezas rituais e bênçãos cerimoniais são práticas comuns e visíveis de transformações invisíveis nas vidas dos seus devotos. O mesmo pode ser dito do sangue tirado e misturado com poções ervais e da comida oferecida em adoração ritual. Tive o privilégio de ter experimentado todas essas dimensões de sua sacralidade, o que implica que também eu, como muitos outros africanos cristãos, fui selado pelas águas do modo de vida dos meus ancestrais. E como argumentei ao longo deste livro, os missionários cristãos foram pretensiosos ao acreditar que seriam capazes de remover o selo da Religião Africana de dentro do coração dos conversos ao cristianismo com uma única cajadada evangélica.

Minha afirmação de que nem sempre fui um cristão pode parecer perturbadora para alguns leitores, mas é a forma que tenho de celebrar minha verdade e santidade no modo de vida dos meus ancestrais antes de encontrar Cristo Jesus, hoje meu caminho, verdade e vida. É, também, meu jeito de reconhecer e honrar o Espírito do Deus vivo e ativo no coração de todos os homens e mulheres. Aquele Espírito não começou a agir em seu coração com a chegada do cristianismo ou do Islã, tampouco o advento dessas religiões pôs fim aos seus atos e ações. De um modo inexplicavelmente profundo, o Espírito aproxima a realidade preexistente da subsequente, aquilo que antes existia e o que veio a existir posteriormente. A realidade presente compõe-se de ambos. Eu sou um cristão africano – parafraseando o famoso discurso "eu sou um africano" do ex-presidente sul-africano Thabo Mbeki, hoje me sinto bem em ser um cristão africano.

Duvido que qualquer africano possa afirmar ser única e inteiramente cristão. Ser um cristão na África é aceitar uma identidade multipolar e hifenizada, é conter uma pluralidade de identidades. O universo de sentidos, ou aquilo que descrevi como sendo a etnosfera espiritual, constitui-se de veredas de sabedoria e conhecimento, imaginação e consciência, que se interconectam. E é na natureza do fértil solo religioso continental que a qualquer semente é dado crescer. O cristianismo e o Islã foram sementes plantadas nesse chão, e com o passar dos séculos nele se enraizaram e floresceram – e claro, junto veio o joio. Diversas disciplinas acadêmicas interessadas no crescimento da religião na África calculam em milhões os conversos, seguidores e devotos, frutos dessas sementes há muito enterradas. Crescidas e tornadas árvores, frutificaram com as raízes profundamente cravadas no solo. E este solo é a Religião Africana.

Existe, portanto, uma simbiose existencial entre a Cristandade e a Religião Africana, e entre esta e o Islã. Sua resultante é a natureza do entendimento religioso do povo africano. Ainda que rotineiramente açoitado pelos missionários coloniais e pelos evangelistas atuais, ele tem uma singular capacidade para descobrir pérolas de verdade nas tradições religiosas que recebe. Lembrem-se que Jesus de Nazaré aplaudiu essa habilidade para a criatividade e a inovação religiosas: "Por isso, todo escriba instruído nas coisas do Reino dos Céus é comparado a um pai de família que tira de seu tesouro coisas novas e velhas" (Mt 13,52).

Existe uma indiscutível relatividade (eu evito o termo "relativismo") entre fé e crença na África: como dizem os igbos do leste da Nigéria, *"Eghe belu, Ugo belu. Nke si ibe ya ebena, nku tije ya"*; ao pé da letra, "deixe voar o milhafre, deixe voar a águia também. Se um deles disser não para o outro, que suas asas se partam". Em outras palavras, "viva e deixe viver". Tenho usado diversas imagens para descrever a relação vital entre a Religião Africana e as duas religiões mundiais, o cristianismo e o Islã: o solo, ou o chão, no qual as duas últimas foram plantadas; a fundação que segura seus edifícios; e as raízes que ancoram e nutrem a realidade. A imagética dos pássaros voando no céu é igualmente oportuna: todas as religiões no continente, sejam autóctones ou importadas, podem reivindicar uma porção da consciência e da imaginação religiosas africanas sem entrar em conflito entre si.

Embora a Cristandade e o Islã mantenham uma forte tendência a proferir afirmações absolutas sobre verdade e salvação, processo no qual engendram desavenças e hostilidades, o mesmo não ocorre com a Religião Africana que, pelo contrário, exibe uma hospitalidade inclusiva e abomina o proselitismo. Como diz um provérbio africano, "todos podemos ver o sol desde nossas próprias casas", e da mesma forma, nenhuma cultura específica detém o monopólio do Evangelho. Nenhuma é capaz de exaurir o mistério da salvação. Se algo se põe de pé, outro pode fazer o mesmo bem ao lado. Nenhuma religião tem a posse exclusiva sobre a verdade. O céu é amplo o bastante para que muitas aves voem sem que suas asas colidam.

Vale a pena repetir que cultura alguma detém o monopólio do Evangelho, ou é capaz de exaurir o mistério da salvação. De uma perspectiva africana, o evangelho de Cristo é encarnado na cultura, e não um estranho com quem ela divide a cama. Sua face é capaz de vestir a face do evangelho e adorná-la com os dons de um povo específico num contexto idem, enquanto permanece aberta aos seus poderes transformativos. Os dons que cada cultura emprega para proclamar a verdade de Cristo criam uma multifacetada tapeçaria de harmonia, o oposto da uniformidade burocrática ou do monoculturalismo monótono. Qualquer imposição, ou importação, de uma cultura vestida como mensagem cristã é antitética ao valor transcultural da Boa-nova. Insistir na leitura monocultural da mensagem de Jesus é alheio ao compromisso evangélico de fazer discípulos em todas as nações. Todas as culturas que foram tocadas pelo cristianismo, e as muitas que ainda serão, devem sentir-se libertadas, não oprimidas.

Em sua encíclica *Evangelii Gaudium*, o Papa Francisco desafia o monoculturalismo evangélico e critica quaisquer simulacro ou preservação de modelos ultrapassados do cristianismo. Como um cristão africano, regozijo-me com a queda dos velhos demônios do imperialismo cultural que estavam satisfeitos em impingir pantomimas estrangeiras travestidas de verdades cristãs a povos e lugares com abundantes competências culturais para receber, traduzir e encarnar a Boa-nova do Cristo ressuscitado aos seus próprios gênios e em suas próprias línguas. O mistério da redenção em Cristo alcança mais longe e mais fundo que qualquer cultura pode afirmar conter ou esgotar.

No século XXI, a Cristandade e o Islã encontraram um lar permanente na África. Os números impressionantes são evidência mais que suficiente de seu fenomenal crescimento ao longo dos últimos duzentos anos. Reitero: esse crescimento não ocorre em isolamento, e ambas as fés continuam a crescer em relação simbiótica com a Religião Africana, sua anfitriã. Aqueles que abraçaram qualquer uma delas o fizeram com o compromisso e o entusiasmo comparável ao dos primeiros cristãos. Já mencionei a pergunta retórica feita por Henry Okullu: seria tudo isso um espetáculo vazio? Não é esse o caso do cristianismo africano do século XXI, como também não foi de outros fiéis convertidos como Isidore Bakanja (1887-1909), Daudi Okelo (1902-1918), Jildo Irwa (1906-1918), Anuarité Nengepeta (1939-1964), Benedict Daswa (1946-1990), Charles Lwanga e suas hostes de mártires ugandenses do século XIX, que se converteram à religião que subsequentemente ajudaram a moldar com seu supremo sacrifício[169].

O suplício desses mártires frutificou tremendamente. Diversos estudos demonstram ser impossível negar o fato de que a África é um dos lugares nos quais o cristianismo obtém mais ganhos. Quando falamos da mudança demográfica em direção sul do cristianismo, o continente representa um lugar significativo e estrategicamente evangélico no qual o futuro da religião reluz mais fortemente. Este fato talvez explique por que o papa emérito Bento XVI a citou brilhantemente como um imenso pulmão espiritual para uma humanidade que parece estar numa crise de fé e esperança. Contudo, referir-se à África como um lugar de regeneração e crescimento espiritual não deve obscurecer o fato de que é, igualmente, um lugar de terrível violência, sofrimento e miséria, um continente que conhece a realidade mais dura e ostenta a face da pobreza, da violência e do sofrimento em grande escala. Para o bem e para o mal, a religião foi parte atuante dessa realidade.

Aparentemente, existem duas igrejas cristãs no continente. A primeira dos privilegiados, "enferma pelo fechamento e a comodidade de se agarrar às próprias seguranças [...] preocupada com ser o centro, e que acaba presa num emaranhado de obsessões e procedimentos" (EG 49). São estes os líderes da miríade de denominações e hierarquias da Cristandade, fornecedores do evangelho da prosperidade que desfrutam dos atavios de poder, autoridade e privilégio. E o fazem às custas das massas de cristãos empobrecidos que buscam, anseiam por libertar-

---

169. Para ler a respeito dos mártires ugandenses, cf. FAUPEL, J.F. *African Holocaust: The Story of the Ugandan Martyrs*. Nairóbi: Pauline Africa, 2007. • MARTIN, J.S.J. The Story of the Ugandan Martyrs, *America Press*. Disponível em: http://www.americanmagazine.org/content/all-things/story-ugandan-martyrs. Acesso: 22 out. 2022.

-se das garras da pobreza, da violência e da miséria, mas que frequentemente recebem placebos e platitudes, ornamentados com ditos evangélicos estéreis. Essas estratégias, pseudoevangélicas e fundamentalistas, são "um aproveitamento das carências da população que vive nas periferias e zonas pobres, sobrevive no meio de grandes preocupações humanas e procura soluções imediatas para as suas necessidades" (EG 63). Tal abordagem da religião é uma forma perigosa de patologia.

A segunda Igreja é aquela dos pobres – homens e mulheres que são a epítome da fé como uma realidade viva, alguém como a viúva do Evangelho de Marcos (12,41-44), que apoia a Igreja mesmo tendo à mão os mais magros recursos. Quando o Papa Francisco fala da "Igreja pobre" na *Evangelii Gaudium*, muitas são as manifestações dessa realidade entre os milhões de crentes na África – é, de fato, uma Igreja "acidentada, ferida e enlameada por ter saído pelas estradas" nas quais "tantos irmãos nossos [...] vivem sem a força, a luz e a consolação da amizade com Jesus Cristo, sem uma comunidade de fé que os acolha, sem um horizonte de sentido e de vida" (EG 49).

Embora nossos dedos acusadores possam apontar para forças e fenômenos poderosos, tais como a globalização, a mercantilização dos seres humanos, a deificação do mercado, a idolatria fiscal, e tantos outros, permanece o fato de que "a Igreja para os pobres" não deve se contentar em lamentar as desventuras e aflições geradas por esses inimigos. Antes, Francisco a desafia a trabalhar incessantemente para enfrentar as causas estruturais da pobreza e estabelecer um compromisso ético de cuidar das suas vítimas. Isso representa uma tarefa clara e presente da evangelização na África, onde as massas são constantemente convulsionadas e afligidas pela pobreza, violência e sofrimento – o imperativo de uma prática profética da mensagem evangélica.

A Cristandade missionária representa, em larga medida, a origem do cristianismo atual na África. Ironicamente, após a missão heroica de converter o "continente negro", a Europa cristã verga sob o peso excruciante do individualismo, relativismo e secularismo, que quase conseguiu relegar a fé ao campo da irrelevância, resultando em pessimismo e derrotismo agravados pela "'desertificação' espiritual" (EG 86). Podem as igrejas do norte estender a mão às assim chamadas irmãs mais novas para encontrar meios de ressurreição espiritual? É aqui que a África, e o resto do sul global, podem adentrar o palco, como os novos evangelizadores das igrejas do norte.

Há muitas maneiras pelas quais a religião, como praticada no sul global, é capaz de se tornar uma influência evangelizadora para a Cristandade global. Um dos dons frequentemente esquecidos que a África deu ao mundo é que a Boa-nova é uma "alegria que se renova e comunica" (EG 2), para qual todos somos convidados e na qual todos somos bem-vindos. Nas questões de fé, os africanos exsudam louvor e devoção, em que pese os desafios da pobreza, violência e sofrimento. E ainda assim, a alegria do evangelho é solapada constantemente pela busca elusiva da África pela paz. A necessidade da paz, uma dimensão crítica da evangelização, representa mais um desafio, mais uma obrigação para a Igreja na África. Embora o Segundo Sínodo Africano (2009) tenha reconhecido a significância da reconciliação, justiça e paz como dimensões constitutivas da missão evangélica da Igreja no continente, pouco foi alcançado. A Igreja precisa dar continuidade ao seu trabalho pela paz e ao diálogo em todos os quadrantes da vasta paisagem religiosa, cultural, socioeconômica e política do continente.

Os africanos levam a sério sua religião, e a despeito de tudo que possa ser dito sobre a disposição para tendências superficiais e espiritualizantes, a religião importa. Sua influência é prática e benéfica – ainda que seja, em algumas instâncias, patológica. Há que se desconfiar de certas teologias e do zelo extremado, mas não do seu nível de convicção. Não se trata de um espetáculo vazio.

O passado religioso indígena da África há muito tem sido definido por categorias negativas, e seu presente se desdobra em um contexto de contestações, afirmações e conflitos em meio aos signos incontroversos de crescimento. Seu futuro, porém, repousará nos recursos espirituais de sua gente. Em meados do século XXI, projeta-se que a África atingirá dois bilhões e meio de habitantes, e espera-se que a participação da população cristã que vive abaixo do Saara cresça de 24% em 2010 para 38%[170]. Como nunca na história, mais africanos terão abraçado o cristianismo como sua expressão primária de fé. Quer seja dominada pela Cristandade, quer seja pelo Islã, a herança religiosa africana florescerá e prosperará em um solo animado e enriquecido pela fé de nossos pais e pelo espírito de nossas mães. Somente numa relação simbiótica as três religiões crescerão, pois, como diz um provérbio africano, uma pulseira só não faz barulho.

---

170. Pew Research Center. Christians, 2 abr. 2015. Disponível em: http://www.pewforum.org/2015/04/02/christians/. Acesso: 22 out. 22022.

Leituras sugeridas

Tradições religiosas e espirituais africanas na pesquisa contemporânea

MAGESA, L. *African Religion*: The moral traditions of abundant life. Maryknoll: Orbis Books, 1997.

MAGESA, L. *What is not sacred?* African spirituality. Maryknoll: Orbis Books, 2013.

MKENDA, F. et al. *The way, the truth, and the life*: a confluence of Asia, Europe, and Africa in Jesus of Nazareth. Nairóbi: Jesuit Historical Institute in Africa, 2017.

OLUPONA, J. *African religions*: A very short introduction. Oxford: Oxford University Press, 2014.

Cristandade africana e missão na História

BAUR, J. *2000 Years of Christianity in Africa*: an African history 62-1992. Nairóbi: Paulines, 1994.

BEDIAKO, K. *Christianity in Africa*: The Renewal of Non-Western Religions. Maryknoll: Orbis Books, 1995.

HASTINGS, A. *The Church in Africa, 1450-1950*. Oxford: Oxford University Press, 1996.

HASTINGS, A. *History of African Christianity 1950-1975*. Cambridge: Cambridge University Press, 1979.

ISICHEI, E. *A history of Christianity in Africa*: from Antiquity to the present. Michigan: Eerdmans, 1995.

SANNEH, L. *Disciple of All Nations*: pillars of the world Christianity. Oxford: Oxford University Press, 2008.

Africanas no discurso teológico

HINGA, T. *African, Christian, feminist:* the enduring search for what matters. Maryknoll: Orbis Books, 2007.

HOGAN, L.; OROBATOR, A.E. (orgs.). *Feminist Catholic theological ethics*: conversations in the world Church. Maryknoll: Orbis Books, 2014.

ODUYOYE, M.A. *Daughters of Anowa: African Women and Patriarchy.* Maryknoll: Orbis Books, 1995.

SUMANI, W. *Mothers of Faith: Motherhood in the Christian Tradition*. Maryknoll: Orbis Books, 2017.

Teologia, ética e Igreja africanas

ELA, J.M. *African cry*. Oregon: Wipf and Stock, 2005.

KATONGOLE, E. *Born from Lament*: the theology and politics of hope in Africa. Michigan: Eerdmans, 2017.

OROBATOR, A.E. (org.). *The Church we want:* African catholics look to Vatican III. Maryknoll: Orbis Books, 2016.

STINTON, D. *Jesus of Africa*: voices of contemporary African christology. Maryknoll: Orbis Books, 2004.

UZUKWU, E. *A listening Church:* autonomy and communion in African churches. Oregon: Wipf and Stock, 2006.

Conecte-se conosco:

facebook.com/editoravozes

@editoravozes

@editora_vozes

youtube.com/editoravozes

+55 24 2233-9033

www.vozes.com.br

Conheça nossas lojas:

www.livrariavozes.com.br

Belo Horizonte – Brasília – Campinas – Cuiabá – Curitiba
Fortaleza – Juiz de Fora – Petrópolis – Recife – São Paulo

 Vozes de Bolso

EDITORA VOZES LTDA.
Rua Frei Luís, 100 – Centro – Cep 25689-900 – Petrópolis, RJ
Tel.: (24) 2233-9000 – E-mail: vendas@vozes.com.br